Diogenes Taschenbuch 23135

de
te
be

# *Wie die Kinder zur Welt kommen*

*Neue Schulaufsätze neapolitanischer Kinder über Liebe und Sex*

*Herausgegeben von Marcello D'Orta*

*Aus dem Italienischen von Linde Birk*

Diogenes

Titel der 1993
bei Arnoldo Mondadori, Mailand,
erschienenen Originalausgabe:
›Romeo e Giulietta si fidanzarono dal basso.
L'amore e il sesso:
nuovi temi dei bambini napoletani‹

Die deutsche Erstausgabe
erschien 1996 unter dem Titel
›Stiefmütter kriegen keine Kinder‹
im Diogenes Verlag
Umschlagbild von
Philipp Keel

Veröffentlicht als Diogenes Taschenbuch, 1999

150/99/43/1
ISBN 3 257 23135 0

## *Vorwort*

*Omne trinum est perfectum*, sagten die alten Römer. Und ist es nicht zumindest bemerkenswert, daß es drei Grazien, Parzen, Heilige Könige, Furien, Musketiere und Schwestern Lescano gibt? Auch den dreieinigen Gott, wenn ich hier so hoch greifen darf. Doch nicht diese magische Zahl voller okkulter Bedeutungen hat mich veranlaßt, nun die Trias meiner Aufsatzsammlungen zu vervollständigen. Nein, ich hatte trotz des mehr als erfreulichen Erfolgs genug davon und erträumte mir, einen »richtigen« Roman zu schreiben, um endlich einmal zu zeigen, was ich selber kann. Oder was ich mir zu können einbilde. Aber da hatte ich die alltägliche Wirklichkeit nicht einkalkuliert, die mich über die Massenmedien von allen Seiten mit ihren Problemen, offenen Fragen und Widersprüchen bedrängte.

Jahrelang habe ich verfolgt, wie das Thema Sex im guten wie im schlechten immer breiteren Raum einnahm, was mich aber zunächst ziemlich unberührt ließ, bis mir dann auffiel, daß sich das Interesse immer mehr auf den Zusammenhang Kinder und Sex konzentrierte. Durfte man die Kinder, so wurde gefragt, in ihrer (den Bigotten so teuren) »heiligen Unwissenheit« lassen, oder sollten sie »wissen«? Und wenn ja, wieviel? wann? wie? Und vor allem, *wer* sollte es ihnen beibringen? Die Familie oder die Schule? Ein Streit, der immer heftigere Ausmaße annahm. Wobei es dann vorkam, daß so mancher Geistliche sich für klare Verhältnisse einsetzte, während Parlamentarier, die bekennende Kirchenfeinde waren, leidenschaftlich für den »gnädigen Schleier« kämpften. An den runden Tischen gab es oft heiße Debatten wie zu Zeiten eines Wahlkampfs.

Es kam auch zu Zwischenfällen der Intoleranz, die vor allem auf der Seite der Neinsager oft geradezu grotesk wirkten. Ich erfuhr es vor ein paar Jahren am eigenen Leib, als ich in meiner Klasse eine kleine Einführung in die Sexualkunde gab und dafür von dem zutiefst empörten Vater eines Schülers wegen Verführung (!) bei der Polizei angezeigt wurde. Zum Glück war der mit der Untersuchung befaßte Kommissar ein aufgeschlossener Mann und außerdem Vater eines anderen Schülers, so daß der »Skandal« wie eine Seifenblase zerplatzte.

Er war aber ein Indiz für eine mehr als alarmierende Mentalität, obwohl, zumindest einer neueren Studie zufolge, ein großer Teil der Eltern für Sexualkunde im Unterricht ist. Aber die Verantwortung wollen sie nicht übernehmen, diese wird regelmäßig auf andere abgeschoben, die sie ihrerseits wiederum an andere abschieben, bis die heiße Kartoffel, nachdem sie so lange von Hand zu Hand gegangen ist, schließlich zu Boden fällt. Und da auch liegen bleibt. Damit wollte ich mich nicht abfinden.

Nun bin ich gewiß nicht zum Kreuzritter berufen; aber ich fühle mich, obwohl ich seit drei Jahren nicht mehr unterrichte, noch immer verpflichtet, mein Bestes für die Kinder zu tun (einmal Lehrer, immer Lehrer...). Daher beschloß ich, meinen kleinen Beitrag zur Erforschung der Kenntnisse unter der vorpubertären Jugend auf diesem Gebiet zu leisten und damit die Fachleute eventuell zu entsprechenden Maßnahmen zu veranlassen. So habe ich also einige befreundete Kollegen mobilisiert, die in den (problematischsten und lebendigsten) Altstadtvierteln Neapels unterrichten. Sie sind sofort mit Begeisterung und Intelligenz ans Werk gegangen.

Als bereits erfolgreich bewährtes Vehikel sollten wieder die Schulaufsätze dienen. Angesichts des Themas haben wir allerdings eine sanftere Annäherungsweise gewählt und die etwas neuralgischeren Fragen durch den Filter der Literatur und der Religion gehen lassen. Außerdem haben wir, um Befangenheit bei offiziellen Klassenarbeiten zu vermeiden, die stets namentlich unterzeichnet werden müssen, auch anonyme Zettelchen für unsere Sammlung gelten lassen.

Meine Aufgabe bestand vor allem darin, mit einem Aufnahmegerät ausgerüstet, Kinder aus allen sozialen Schichten, vom Gassenjungen bis zum Herrensöhnchen, möglichst unverfänglich zu befragen, das ganze Material zu sammeln und eine Auswahl zu treffen. Dazu habe ich diesmal geradezu eine Axt gebraucht, denn die Pornographie, diese Ausgeburt der Unwissenheit und der kranken Phantasie, durchdrang alles – auch dies nur eine Folge der unterlassenen Aufklärung und der Leichtfertigkeit der Medien, vor allem des Fernsehens, das, wie die peinigenden Zitate und zahlreichen Neologismen im typischen Stil der Werbespots auf diesen Seiten beweisen, tiefe Spuren in den Kinderköpfen hinterläßt.

Ergebnis: die traurige Bestätigung einer fast vollständigen Unkenntnis der elementarsten physiologischen Vorgänge und auf der anderen Seite eine oft nur ungefähre Vorstellung von den Abweichungen wie Prostitution, Homosexualität usw., für die aber brennendes Interesse besteht (was wir wiederum dem Fernsehen zu verdanken haben!).

Dennoch ist dabei kein deprimierendes Buch herausgekommen. Der explosive Charme der neapolitanischen Kinder hat auch diesmal Wunder gewirkt und selbst die brennendsten Probleme und bittersten Wirklichkeiten mit Humor, Vitalität und Phantasie umhüllt. Was in diesem Fall ein Grund zur Hoffnung ist.

*Marcello D'Orta*

## *Sexualkunde (und ihr Gegenteil)*

*Ist es deiner Meinung nach richtig,*
*daß in den Schulen*
*Sexualkunde unterrichtet wird?*

Jawohl, es ist richtig, völlig richtig, und dabei spreche ich nicht für mich, da ich gewisse Dinge schon gewußt habe, bevor ich geboren worden bin, sondern für die andern, die, wenn sie sie nicht in der Schule oder im Kommunionunterricht lernen, mit elf, zwölf Jahren glatt noch glauben, daß sie in einem Kohlkopf oder einem Salat geboren worden sind. Dasselbe gilt auch für die Befana und den Weihnachtsmann, wenn sie ihnen nicht in der Schule sagen, daß es die nicht gibt (und vor allem die Befana), kommen die in die Mittelschule und warten immer noch auf Gratisgeschenke.

Hauptschuld haben die Großen, die den Kindern zuviel Mist erzählen. Im Internat haben die Nonnen meiner Oma sogar ein Liedchen beigebracht, wo sie statt »amore« immer »rumore« sagten, da haben die kleinen Mädchen überhaupt nichts kapiert und geglaubt, sie sind doof.

Also ist es völlig richtig, in der Schule Sexualkunde zu erteilen, weil wenn man das Ave Maria betet und sagt »Gebenedeit sei die Frucht deines Leibes Jesu«, muß den Kindern erklärt werden, daß dieser Leib Bauch bedeutet und nicht Kohl oder Krautkopf-Jesus.

Sexualkunde ist eine sehr gute Sache, und wenn einer sich tatsächlich schämt zuzuhören, braucht er nur abends im Schlafzimmer seiner Eltern zu spionieren, dann wird er schon merken, wie der Laden läuft.

Das einzig Falsche in der Schule ist, daß man die Nonnen Sexualkunde geben läßt, weil die doch gerade deshalb Nonnen geworden sind, weil sie von Sex nichts verstehen!

## *Weiter zum Thema Sex…*
## (Anonyme Zettelchen und mündliche Fragen)

Herr Lehrer, wenn ein Kind nicht mit neun Monaten auf die Welt kommt, mit wieviel Monaten kann es dann auf die Welt kommen? Mit zehn, elf, zwölf? Was ist der Rekord beim Rauskommen?

Mein Vetter Vincenzo hat gesagt, daß auch der Mann die Jungfräulichkeit hat, ich möchte gern wissen, was die Jungfräulichkeit ist und in welchem Alter sie sich entwickelt.

Ich möchte gern erklärt kriegen, wie man die Kinder macht, aber bitte, gucken Sie dem Tortora ins Gesicht, wenn Sie es erklären, und nicht mir, dann glauben alle, daß er die Frage gestellt hat.

Ich habe nicht genau begriffen, was für ein Unterschied zwischen einem Mann und einer Frau ist.

Herr Lehrer, machen Sie sich nichts vor, Sie gefallen der Carmela Del Vecchio sehr.

Wenn eine Frau mit einem Mann schläft und sofort danach, also wirklich sofort mit einem anderen Mann schläft und dann Zwillinge dabei herauskommen, sind diese Zwillinge dann Zwillinge oder Stiefzwillinge? Außerdem möchte ich wissen, welche Hautfarbe das Kind hat, wenn eine Frau mit einem Weißen schläft und gleich danach mit einem Schwarzen.

Herr Lehrer, ich schwöre, daß ich gewußt habe, was Sex ist, aber jetzt habe ich es vergessen.

Herr Lehrer, wie sagt man im Vatikan zum Sex?

*Haben deine Eltern je über Sex mit dir geredet? Und haben dir Verwandte, Freunde oder Priester darüber Auskünfte gegeben? – 1*

Nein, keiner hat je über Sex mit mir geredet, nicht einmal meine Eltern. Und Freunde oder Bekannte schon gar nicht.

Alles, was ich weiß, habe ich im Fernsehen und teilweise in der Zeitschrift *Panorama* gesehen. Und davon war ich sehr enttäuscht. Ich meine, Gott hätte auch darauf verzichten können, uns auf diese Weise zu erschaffen, daß eine Frau, wenn sie Kinder kriegt, zuerst einmal Schmerzen haben muß und nach der Geburt nicht mal weiß, wie es ausgeht, aber selbst wenn alles gutgeht, warum muß sie denn Schmerzen leiden? Und warum kann ein Kind, das es nicht schafft herauszukommen, sogar ersticken? Ich bin gegen diese Erfindung. Wenn Gott gewollt hätte, hätte er ein Kind auch aus dem Bauch rauskommen lassen können, der automatisch aufgeht oder es wie bei Seinem Sohn machen, den er bei der Madonna irgendwo, man weiß nicht wo, hat rauskommen lassen, aber ohne daß sie Schmerzen hatte.

Meine Eltern haben nie über Sex mit mir gesprochen, weil sie immer gesagt haben, daß ich noch zu klein bin. Und jetzt reden sie auch nicht mit mir darüber, weil sie sagen, daß ich jetzt schon groß bin und es schon weiß.

*Haben deine Eltern je über Sex mit dir geredet? Und haben dir Verwandte, Freunde oder Priester darüber Auskünfte gegeben? – 2*
(Verstreute Gedanken)

Nein, keiner. Aber jetzt habe ich den *Lebensbaum** gesehen und habe alles verstanden. Trotzdem, so anstrengend hätte ich mir den Sex nicht vorgestellt.

Meine Eltern haben mir nichts gesagt. Und ich will auch gar nichts wissen.

Wir sind elf zu Hause. Mama hat dem Ältesten alles erzählt und dann gesagt: »Sags weiter.«

Wie die Kinder aus dem Bauch *rauskommen*, habe ich verstanden, nur wie sie *reinkommen*, habe ich nicht kapiert.

Ich fürchte, meine Mutter weiß selber nicht, was Sex ist, wie soll sie's dann uns sagen.

* Unterrichtsfilm

Frau Lehrerin, stellen Sie mir bitte nicht so gewisse peinliche Fragen, sonst sag ich's meiner Mama.

Einmal haben meine Eltern sogar versucht, mit mir über Sex zu reden, aber ich habe gedacht, das ist was Unangenehmes und habe so getan, wie wenn ich aufs Klo müßte.

Mich hat das Wort »Sex« noch nie interessiert. Ich möchte so bleiben wie ich bin und bitte zwingt mich zu nichts.

Mein Vater ist arbeitslos und versteht nichts von Sex.

Nachts höre ich meine Eltern eine halbe Stunde nach der »Costanzo Show« alle beide ins Bad gehen, und daran merke ich, daß sie alle beide im Bett Sex gemacht haben.

## *Welches sind die auffälligsten Unterschiede zwischen Mann und Frau? – 1*

Es gibt sehr viele Unterschiede zwischen Mann und Frau. Erstens einmal ist eine Mama, wenn ein Kind als Junge geboren wird, glücklicher, weil, gut, ein Mädchen ist immer noch besser als gar nichts, aber ein Junge ist doch was anderes. Außerdem hat der Mann als Geschenk der Natur einen Pimmel, was eine Art schlapper Anhänger ist, während die Frau eine Wunde bekommen hat, bei der mir schon komisch wird, wenn ich sie bloß angucke. Wenn ich in der Badewanne Hydromassage mache, wächst mein Pimmel in der Länge und in der Dicke, während wenn meine Schwester es macht, nichts wächst, und das ist auch viel besser so.

Auch meine Eltern baden nackt, aber wenn mein Pimmel so wachsen soll wie der von meinem Vater, dann bleibe ich lieber mein Leben lang schmutzig. Wenn ich groß bin und mir so ein Unglück passiert, mache ich sofort eine Abmagerungskur!

## *Welches sind die auffälligsten Unterschiede zwischen Mann und Frau? – 2*

Die Unterschiede zwischen Mann und Frau sind die, daß der Mann immer was gegolten hat und die Frau noch nie was. Schon am Anfang wurde Eva als zweite geschaffen und dann auch noch aus der Reserverippe von Adam, sogar der Name, der ihr gegeben wurde, ist kürzer als der des Mannes.

In der ganzen Geschichte ist die Frau immer Hausfrau gewesen, außer in der Zeit der Vorgeschichte, wo sie nicht einmal das war, weil es keine Häuser gegeben hat: höchstens hat sie Stöckchen aneinander gerieben, damit Funken rauskamen.

Die Sieben Könige von Rom waren verheiratet, aber sie schämten sich, das herumzuerzählen: oder warum sonst kennen wir die Namen der Sieben Königinnen von Rom nicht?

In der Französischen Revolution war die erste Person, der sie den Kopf abgeschlagen haben eine Königin, weil sie als Frau schon so viel Glück gehabt hatte, daß sie dafür bestraft werden mußte. Die Männer haben die Frauen nie geachtet: nie haben sie eine zum Papst gewählt, nicht einmal aus Neugier. Ich glaube, daß die Frauen, vor allem aber die Araberinnen unter diesem Schleier auf die Männer fluchen, die sie so zugerichtet haben.

Und jetzt spreche ich über den Mann.

Der Mann zählt zu den Säugetieren, obwohl ja die Frau die Kinder kriegt und säugt. Der Mann ist behaarter als die Frau, aber ich kenne eine Frau, die ist behaarter als ein Mann, sie heißt Anna und ist Schneiderin in Materdei*. Die Stimme des Mannes ist doppelt so laut, vor allem, wenn er wütend ist, aber die »Cugini di Campagna«** haben dünnere Stimmen als Mädchen.

Bei einigen Schauspielern und Sängern wie zum Beispiel Renato Zero, Mastelloni und Amanda Lir ist es nicht klar, ob sie Männer oder Frauen sind, und man weiß nicht, wie man sie nennen soll.

Aber der entscheidendste Unterschied zwischen Mann und Frau ist der, daß der Mann die Kinder macht und die Frau sie erträgt.

* Stadtteil von Neapel
** Bekannte Unterhaltungsgruppe

## *Weißt du, wie die Kinder geboren werden? – 1*

Wie die Kinder zur Welt kommen, wußte ich schon in der dritten Klasse ein bißchen, den Rest hat mir dann meine Schwester gesagt.

Kinder kommen durch die gegenseitige Paarung von Ehemann und Ehefrau, Verlobtem und Verlobter und von einfachen Bekannten zur Welt. Die sexuelle Beziehung dauert neun Monate. Am Ende wird die Frau, wenn alles gutgeht, schwanger. Wenn sie schwanger ist, leidet sie so viel wie nötig und bringt ihr Kind zur Welt. Im ersten Monat achtet keiner auf den Bauch, alles ist normal, wie sonst; im zweiten kommt der Bauchnabel raus und kringelt sich stärker als sonst; im dritten Monat geht, wenn die Frau braun ist, die Bräunung weg; im vierten werden die Unterhosen zu eng und klemmen im Schritt; im fünften und auch ein bißchen im sechsten kommt die Übelkeit im Magen, eine grauenhafte Verstopfung und, entschuldigt, wenn ich das sage, man muß dauernd pissen; im siebten kommen die Hämoriden raus, im achten ist der Bauch sehr viel dicker, das Kind ist fast fertig und fängt an zu stauchen; im neunten und letzten Monat kommt es endlich raus.

Es kommt im Krankenhaus zwischen den breiten Beinen der Mutter raus. Wenn es nicht rauskommen kann (weil der Kopf zu groß ist oder weil es statt mit dem Kopf mit den Füßen voraus kommt), stecken die Ärzte es in den Bauch zurück und holen es mit einer schwierigen Operation von da raus, von wo es losgegangen ist.

Nach der Geburt des Kindes entspannt sich der Schoß der Mama, und der Bauch wird wieder platt, nur ein bißchen schwabbliger. Wenn diese Frau ihr Kind mit sechsundvierzig oder siebenundvierzig bekommen hat, ist es ihr erstes und letztes Kind gewesen, weil wenn sie älter ist und noch Kinder kriegt, werden die ganz bestimmt mongolisch.

Wenn sie mongolisch sind, werden sie sofort ins Santobbono* gebracht, aber Herr im Himmel, im Santobbono können sie nicht mal gesunde Kinder heilen, wie dann erst ungesunde!

* Neapolitanische Kinderklinik

## *Weißt du, wie die Kinder geboren werden? – 2*

Die Kinder werden im allgemeinen aus dem Bauch der Mutter geboren (oder besser gesagt: der »Mama«, weil Stiefmütter keine Kinder kriegen), nachdem man neun Stunden gewartet hat. Die Spermatozoos machen eine Wette, wer der schnellste ist und wer verliert gewinnt. An einem bestimmten Punkt des Tunnels begegnen sie einem verliebten Ei, gucken sich an und vereinigen sich, und am Ende dieser Prozession kommt ein Kind raus, das man Säugling nennt.

## *Weißt du, wie die Kinder geboren werden? – 3*

Gleich nachdem der Mann zugeschlagen hat, kann die Frau schwanger werden oder nicht. Wenn sie schwanger wird, bildet sich in ihrem Bauch ein Kind, wenn sie nicht schwanger wird, bleibt der Bauch genau wie vorher, das heißt leer.

Eine schwangere Frau darf, wenn sie merkt, daß sie schwanger ist, keine Hosen anziehen, die in der Taille zu eng sind, es ist besser, wenn sie einen blauen Glockenrock anzieht, sie darf nicht oft zur Arbeit gehen oder dauernd mit Flugzeugen, Zügen und Schiffen reisen, weil alle diese Verkehrsmittel den Bauch zu sehr rumhüpfen lassen. Außerdem darf sie nur leichte Sachen essen und keine schwere Hausarbeit machen: höchstens mit dem kleinen Besen kehren.

Eine schwangere Frau darf keine anderen Kinder mehr bekommen, wenn sie nicht mehr jung ist. Gut, mit zwanzig kann sie noch welche kriegen, aber wenn sie fünfzig, fünfundfünfzig ist und noch ein Kind kriegt, wird das ganz bestimmt blöd.

Alle Mamas, die ich kenne, sind schwanger gewesen, bevor sie Mama wurden, nur die Filomena hat einfach ein Kind adoptiert, um sich die Mühe zu sparen.

## *Weißt du, wie die Kinder geboren werden? – 4*

Manchmal glaubt eine Frau, sie ist schwanger, aber dann war es nur Luft.

## *Hast du verstanden, was Sterilität ist?*

Sterilität ist, wenn eine Frau weder mit ihrem eigenen Mann noch mit anderen, weder öffentlich noch privat Kinder kriegen kann. Von außen ist sie wie die andern: gewöhnlich, normal, allgemein, innen dagegen ist sie sehr besonders. Sie *würde* gern Kinder kriegen (egal ob Jungen oder Mädchen), aber sie kann nicht, weil sie wie die Heilige Elisabeth geschaffen worden ist.

Als kleines Mädchen weiß sie nicht, daß sie die Sterilität hat, sie verhält sich wie wenn nichts wäre und spielt normal. Wenn sie dann groß geworden ist, heiratet sie entweder oder sie heiratet nicht. Wenn sie nicht heiratet, erfährt sie nie, daß sie wie die Heilige Elisabeth gewesen ist, wenn sie heiratet und es entdeckt, kriegt sie so eine Wut, daß sie davon Krämpfe kriegt.

Manche Frauen sind froh, daß sie die Sterilität haben, weil sie ohne Kinder in Freiheit leben wollen, aber manche anderen werden sehr böse. Und um rauszukriegen, ob sie die Sterilität besiegen können, lassen sie sich übers Fernsehen die Karten legen.

Die legt ihnen Emma Palomma persönlich oder der Zauberer Mariano und Annamaria Ammendola*. Mir ist Concetta Mobili** sehr sympathisch, aber sie ist alles andere als steril, sie hat vierzehn oder fünfzehn Kinder gekriegt.

Ich weiß nicht, warum eine Frau steril ist, vielleicht weil ihr ihre Mama, als sie sie geboren hat, ein bißchen von ihrer Sterilität übertragen hat, oder vielleicht weil sie sich auf dem Klo zu sehr angestrengt hat, oder weil ihr irgendeine Alte was angehext hat. Wenn ihr was angehext worden ist, gibt es um geheilt zu werden nur die eine Möglichkeit: sie muß in eine andere Stadt ziehen.

Wenn eine Ehefrau steril ist und auch der Ehemann steril ist, kann kein Kind geboren werden. Wenn es geboren wird, kommt es aus Versehen und wiegt nur ein paar Gramm.

* Kartenleger im Fernsehen
** Bekannte Marktschreierin im Fernsehen

*Wir haben die Möglichkeit besprochen, ein Kind im Reagenzglas zu zeugen. Was meinst du dazu?*

Über Kinder im Reagenzglas weiß ich fast nichts. So von der Phantasie her könnte ich mir aber vorstellen, daß die Kinder bald nicht mehr nach der üblichen Methode, der ursprünglichen, gemacht werden, sondern daß sie in Zukunft in einem Glasröhrchen geboren werden. Das heißt, man vermischt das Beste vom Mann und von der Frau, und dann spritzt man die Flüssigkeit mit einer sehr dicken Spritze in den Bauch der Mama, und sie brütet es neun Monate lang aus, bis sie nicht mehr kann und es zur Welt bringt. Es würde mir aber überhaupt nicht gefallen, wenn es so wäre, weil man auf diese Weise perfekte künstliche Kinder schaffen kann und natürliche wie ich daneben alle häßlich und dumm scheinen. Gut, wenn das Experiment gelingt, könnten auch viele Giottos, Michelangelos und Raffaels geboren werden, aber wenn es nicht gelingt (wenn zum Beispiel ein winziger Glassplitter in die Mischung reinkommt und ins Gehirn geht), können auch Frankensteine und Wolfsmänner geboren werden.

Ich meine, daß Kinder nicht im Labor hergestellt werden sollen, weil ein Mensch geboren werden soll, wie ihn seine Mama geschaffen hat und nicht als Produkt von einem verrückten Wissenschaftler.

Nur den Männern, die in Bosnien die Frauen vergewaltigen, würde ich eine Reagenzglasspritze in den Bauch geben, dann würden sie auch Kinder kriegen müssen und würden mal merken, was es heißt, ein vergewaltigtes Kind zur Welt zu bringen!

## *Weißt du, was Homosexualität ist?*

Homosexualität ist ein Mann, der abends statt mit der Ehefrau mit dem Ehemann ins Bett geht.

Es ist eine Krankheit, die von den schlechten Gewohnheiten in der Kindheit kommt. Wenn zum Beispiel Brüder im gleichen Bett schlafen, kann schon ein bißchen Homosexualität dabei rausspringen.

In Neapel heißt man die Homosexuellen *ricchioni.* Ich kenne einen ganzen Haufen von ihnen. Einem, der es besonders wild getrieben hat, sind alle Haare auf den Boden gefallen.

Die Transvestiten, die sich als Frauen verkleiden, also Ehemänner, die sich als Ehefrauen ausgeben, heißen wir *femmenielli.* Sie malen sich stärker an als die Ägypter. In Forcella*, wo ich wohne, gibt es sie haufenweise, ja es gibt mehr solche als andere. Drei sind besonders berühmt: einer heißt

* Berüchtigtes Viertel von Neapel

Vanessa, dem schreien die Jungen hinterher, weil er immer so aufgetakelt rumläuft, ein anderer heißt Eva und zieht immer so einen Schmollmund wie die Dellera, ein anderer heißt Cinzia, aber den nennen sie nur Blätterteig, weil er nach der Operation statt einem Stengel nur Blätterteig hat.

Abends kommen diese *femmenielli* raus und treiben sich an der Mauer rum, damit die Leute sie nicht sehen, aber wenn sie dann am Bahnhof sind, küssen sie auch die anderen *femmenielli* und fühlen sich nicht mehr allein.

Die *ricchioni* kotzen mich an, weil sie's nur für Geld machen, aber die *femmenielli* nicht, die tun mir nur leid.

Wenn ich der Minister der Ärzte wäre, würde ich alle *femmenielli* von Neapel nehmen und im Cardarelli operieren lassen, damit sie wieder in Männer zurückverwandelt werden. Dann würden auch sie endlich ein bißchen natürlichen Frieden finden!

## *Wie vermehren sich die Tiere?*

Die Tiere vermehren sich wie wir, nur daß sie es im Freien machen und keine Angst haben, dabei erwischt zu werden.

Die Tiere vermehren sich, je nachdem, was für Tiere es sind, auf folgende Weise. Wenn sie sich auf Grund von Eiern vermehren, sind sie »eierlegend«, wenn sie sich auf Kosten der Mutter vermehren, heißen sie »Säugetiere«.

Unter den Tieren sieht man bei der Kuh an dem herunterhängenden Euter gleich, daß sie weiblich ist, aber bei den meisten Tieren weiß man nicht genau, ob sie männlich oder weiblich sind, wie zum Beispiel bei den Goldfischen und den Wellensittichen. Es ist aber ehrlich gesagt so, daß nur die Menschen sie nicht erkennen. Die Tiere selber erkennen sich untereinander, und wie! Sie erkennen sich am Geruch, durch Schnuppern, durch die Nüstern.

Wenn ein Elefant sich mit einer Elefantin vermehrt, wird der Rüssel steif.

Die Störche machen Störche für sich selber, und nicht etwa Menschen für die Menschen: was für ein Quatsch!

Im Aquarium von Neapel schwimmen die Fische so schnell in den Becken herum, daß sie gar keine Zeit haben, sich zu vermehren.

Das männliche Seepferdchen pflanzt kein einziges weibliches Seepferdchen fort, sondern es wird selber fortgepflanzt, weil es homo ist.

Die männlichen Schwalben hauen nach der Fortpflanzung mit der Ausrede, daß sie Zugvögel sind in die heißen Länder ab.

Wenn sich eine Viper aus Versehen mit einer Ringelnatter fortpflanzt, stirbt die Ringelnatter im ersten Monat der Schwangerschaft.

Das Nilpferd fühlt sich, nachdem es sich vermehrt hat, noch schwerer.

Wenn ich mir vorstelle, wie sich zwei Taranteln vermehren, kriege ich Gänsehaut. Aber im Grunde müssen sie ja auch sehen, wo sie bleiben.

*Fasse die Lektion über die Kreuzung verschiedener Arten oder Hybridzüchtung zusammen*

Die Hybridzüchtung ist die tierische Kreuzung zwischen zwei verschiedenen Arten, die eine einzige Art hervorbringt, welche weder dem Vater noch der Mutter gleicht, sondern eine Sonderart bildet, die »Bastarde« genannt wird.

Einige Bastarde gelingen gut, das muß ich zugeben, zum Beispiel das Maultier, das eine Mischung aus einer Stute und einem Esel ist, aber der Dobermann ist im Labor entstanden und deshalb ist er immer so bissig.

Im Amerikanischen Zirkus habe ich einen Tigerlöwen gesehen, was eine Zucht aus Löwe und Tiger ist.

Manche Kreuzungen kann man machen, aber die Tiere müssen sich dazu ein bißchen anstrengen, zum Beispiel Pferd und Zebra, Wolf und Fuchs, Hausschwein und Wildschwein. Aber manchmal übertreibt der Mensch und bringt Monster wie

Frankenstein hervor oder auch Arten, die dann gar nicht wissen, wie sie sich verhalten sollen. Wenn man zum Beispiel einen Wolf und ein Schaf kreuzt, kommt ein Wolfschaf dabei heraus und dieses Ärmste weiß dann gar nicht, ob es ruhig mit der Herde leben oder diese auffressen soll.

Ich möchte wissen, wozu diese Kreuzungen gut sein sollen. Ich habe es satt, daß sie die Tiere so schlecht behandeln und Vivisektion machen. Möchte mal sehen, was die Frau eines Wissenschaftlers, der solche Experimente macht, sagen würde, wenn sie statt einem menschlichen Kind ein Kind kriegen würde, das halb Kabeljau und halb Wissenschaftler ist!

## *Was weißt du über Aids? – 1*

Aids ist eine lokale Entzündung, die man durch sexuellen Kontakt mit Homosexuellen kriegt, aber auch normale Eltern können sie kriegen, wenn sie zum Beispiel in der Nähe von einem Glas trinken, an dem die Spucke von einem Verseuchten klebt.

Aids kann man auch noch auf andere Art kriegen, zum Beispiel, wenn ein Verseuchter dir ins Gesicht niest und du ihm nicht ausweichst, wenn du einen Schottenrock nähst und die die vor dir genäht hat mit einem infizierten Finger genäht hat, wenn eine Mücke dich auf die Stirn sticht, nachdem sie einen Infizierten gestochen hat.

Bei Aids ist es aber nicht gerecht, wenn sie dagegen eine Impfung entdecken bevor eine gegen Krebs entdeckt worden ist, weil der Verkrebste nicht schuld ist, wenn er Krebs kriegt, wie bei Aids, das du kriegst, wenn du mit einem Transvestiten gehst, und außerdem hat es Krebs auch schon viel früher als Aids gegeben, er wartet schon seit Jahrhunderten darauf, gerettet zu werden.

Alle können früher oder später Aids kriegen, weil es eine Geschlechterkrankheit ist, aber wenn eine Nonne Aids kriegt, bevor sie Nonne wird und es niemandem sagt, heißt es, daß sie an einer klösterlichen Allergie gestorben ist.

## *Was weißt du über Aids? – 2*

Aids ist eine ansteckende afrikanische Krankheit. Sie wurde von den schwarzen Straßenhändlern nach Europa und auf die ganze Welt gebracht, die gezwungen waren, ihr Heimatland wegen Krieg oder Revolutionen zu verlassen. Die Straßenhändler haben schon Aids gehabt, wie sie von Istanbul weg sind, aber ihnen hat das nichts ausgemacht, weil es in dem Land alle hatten.

Wie sie nach Italien gekommen sind, haben sie vielen Italienern die Hand gedrückt und sie zum Dank geküßt und sie so angesteckt. Aids kriegt man durch Kontakt, nur Kinder können auch schon vor ihrer Geburt angesteckt werden.

## *Nenne die verschiedenen Lebensstufen des Menschen – 1*

Das Leben des Menschen beginnt mit dem Geborenwerden und endet mit dem Sterben. In den ersten Augenblicken seines Lebens heißt das menschliche Wesen Neugeborenes, in seinen letzten müßte es Vortotes heißen, aber aus Höflichkeit wird es noch Alter genannt.

Wir kennen die Gründe, warum Neugeborene weinen, noch nicht genau, möglich, daß sie Hunger haben, Durst haben, Pipi machen müssen oder sich am hinteren Rücken kratzen müssen. Wie ich klein war, habe ich immer geweint und bin manchmal vom Jammern ganz lila geworden.

Die Kindheit fängt mit vier Jahren an und dauert bis sechs, wenn die Schule anfängt, die sie bis zur fünften Grundschulklasse weiterbringt, womit dann die Jugend beginnt.

Die Kindheit ist eine sehr stürmische Lebensperiode, man muß ziemlich viele Infektionskrankheiten wie Masern oder Mumps vermeiden. Außerdem krabbeln in der Kindheit auch immer überall sehr viele Läuse rum.

Die Jugend ist die zweite Entwicklungsperiode des Menschen. Der Körper verändert sich in Gestalt und Stärke. Die Schule besucht man von der ersten bis zur dritten Mittelschulklasse. Ein Freund von mir ist aber schon in der Grundschule Jugendlicher geworden, weil er dreimal durchgefallen ist.

Die Jugend ist für mich die schönste Stufe des menschlichen Lebens. Sie entspricht dem Frühling im Sommer, und damit habe ich schon alles gesagt.

Im reifen Alter fangen die Sorgen an, manchmal ist man schon zum Reden zu müde. Mein Vater hat die Reife und ist immer völlig fertig. Meine Mutter hat auch die Reife, aber das merkt man weniger, weil sie zu Hause ist.

Das Alter dagegen ist wirklich eine ganz schlimme Sache: vielleicht ist es die Rache des Teufels, weil Gott uns geschaffen hat.

Man nennt die Alten Senioren, aber nur um es ihnen ein bißchen zu versüßen, sie sind einfach Alte und nichts anderes. Die Welt ist allerdings hauptsächlich von »Mittleren« bevölkert, die nichts mehr von der Kindheit wissen und vom Alter nichts wissen wollen.

Ich möchte bloß wissen, warum der Herrgott uns Menschenkinder überhaupt geschaffen hat, wenn wir am Schluß doch alt werden und sterben müssen.

## *Nenne die verschiedenen Lebensstufen des Menschen – 2*

Ich rede sehr gern mit den alten Leuten, weil die dich sagen lassen, was du willst und dich aus Angst, daß du weggehst, reden lassen, ohne dich je zu unterbrechen.

## *Weitere verstreute Gedanken zum Thema Sex*

Ich bin im siebten Monat schwanger geboren.

Weiß Gott, wer Adam und Eva gesagt hat, wie mans macht.

Wenn Gott zuerst die Frau und dann den Mann erschaffen hätte, wären die Kinder dann aus dem Bauch der Männer gekommen?

Ich habe am Video *Der Lebensbaum* gesehen und gelernt, wie man den Sexualakt macht. Ich muß sagen, daß mich das wirklich anekelt. Es wäre besser gewesen, Gott hätte uns da mit einer leeren Stelle geschaffen, statt mit diesen Schweinereien.

Wenn ich Zahnweh habe, mache ich die Orgien mit Tantum grün.

Ich hab mal im Fernsehen eine Afrikanerin gesehen, die mit den Zitzen rumgeschlenkert hat, um die Fliegen zu verjagen.

Jedesmal, wenn ein neues Geschwisterchen von mir auf die Welt kommt, fliegt mein Vater aus allen Wolken.

In der Anlage am Heldengedenkplatz decken die Pärchen die Autofenster mit Zeitungen zu und treiben es dann, bis das Auto umkippt.

Die Mönche legen das Gelübde mit dem Keuschheitsgürtel ab.

Warum hat dieser König Pipin der Kurze geheißen? Weil er nur einen Kurzen gehabt hat?

Ich weiß alles über wie man Sex macht, weil wir zu acht in einem Zimmer schlafen und alles sehen...

Ich bin privat bei den Nonnen gewesen. Meine Nonne hieß Schwester Angelica und was den Busen betrifft, war sie unterentwickelt.

Also wenn die Frösche dauernd rumhüpfen, wie können sie dann Junge machen?

Gewisse Männer kaufen vor der Heirat Haus, Küche, Möbel und vor allem das Bett. Und dann stellt sich plötzlich raus, daß sie homo sind.

Ich werde mich bestimmt genieren, den Vater meiner Freundin um ihre Hand zu bitten. Ich glaube, daß ich das telefonisch machen werde.

Ich kenne einen Mann, der hat vor der Heirat dauernd geredet und geredet und geredet. Nachdem er dann verheiratet war, hat er nicht mehr geredet.

Bevor man miteinander ins Bett geht, muß man Abwaschungen machen.

Ich glaube, daß Maradona schon im Mutterbauch Rückzieher gemacht hat.

Ich habe meine Mutter mal nackt gesehen: sie hat so eine Art Mähne zwischen den Beinen gehabt.

Ich bin mit Kaiserschnitt geboren. Aber das merkt man nicht. Es ist wie wenn man vorne rauskommt.

Der Bäcker unten in meinem Haus hat vier Kinder gemacht, obwohl er der reinste Menschenaffe ist. Warum soll ich es dann nicht auch können!

Ich hab mal bei meinem Schwager durchs Schlüsselloch geguckt: er hat mit meiner Schwester einen Vierfüßler vorgegeben.

Ich habe in einem Film eine Frau gesehen, die mit Jesus rumgeschäkert hat. Was die sich einbildet! Jesus hat sie ja kaum angeguckt!

Die Amphibien lieben sich an Land, dann gehen sie zum Abspülen in den Teich.

Wenn die Siebenschläfer sich im Sommer mal gepaart haben, sind sie für den ganzen Winter versorgt.

Brüder und Schwestern können sich nicht heiraten, Mütter und Väter ja.

In England dürfen auch die Priester heiraten, aber wenn sie nach Italien versetzt werden, müssen sie sich scheiden lassen.

In einem Film am Fernsehen habe ich einen nackten Mann gesehen, der hat zwischen den Beinen einer Frau gegrast.

Ich habe eine Nachricht gehört, daß ein Mann doch tatsächlich selber ein Kind gekriegt hat. Aber er hat es nur ganz schlecht geschafft, weil der Mann im Vergleich zur Frau viel weniger ans Kinderkriegen gewöhnt ist.

Meine Tante ist nur acht Monate in Umständen gewesen.

So antifeministisch wie mein Vater ist, hat er gleich drei Töchter gekriegt.

Luigi schlägt ganz dem Vater nach. Ich dagegen bin geboren, ohne Ansprüche zu erheben.

Wenn eine Mama Jungfrau ist, sieht man das, weil

sie nicht mehr diesen scheußlichen dicken Bauch hat.

Wenn mein Vater Liebe macht, kommt er mir vor wie ein Minotaurus.

Vierzig Tage nach der Empfängnis des Kindes ist es keine Sünde mehr, Liebe zu machen.

# *Liebe und Sex in der Familie*

## *Was hältst du von der Ehe?*

In einem bestimmten Lebensalter hat jeder das Recht zu heiraten. Dabei spielt es keine Rolle, ob einer reich oder arm, schön oder häßlich, aus dem Norden oder aus dem Süden ist: entscheidend ist nur, daß der eine ein Mann und die andere eine Frau ist und keiner der beiden Gegner schon verheiratet ist.

Wenn der Mann und die Frau einig sind, daß sie heiraten wollen, gehen sie zum Pfarrer. Der Pfarrer fragt sie, wie es möglich ist, daß sie einander wollen, und dann, wenn er entdeckt, daß alles in Ordnung ist, gibt er für diesmal sein Einverständnis und dann rennt das Brautpaar zum Frisör, um sich herzurichten, dann kauft jeder für sich die Kleidung. Die Kleidung der Männer ist schwarz und normal, nur, wie soll ich sagen? ein bißchen zu dramatisch. Die Kleidung der Frauen dagegen ist lang, weiß und anders als normal, irgendwie übertrieben.

In der Kirche werden die Blumen und der lange rote Teppich vorbereitet, der Pfarrer hält eine schöne Rede und ermahnt sie zu vielen äußerst wichtigen Dingen, vor allem, keine zweite Ehe einzugehen.

Nachdem es verheiratet ist, bekommt das Brautpaar die Geschenke: Bügeleisen, Fön, Uhr, Silberbestecke usw.

Oder die Verwandten und Freunde geben einen Umschlag, aber manche schreiben dann ihren Absender nicht auf den Umschlag, weil zu wenig drinnen ist.

Gewisse knickrige Freunde geben dir noch nicht mal einen Umschlag, sondern schicken heimlich ein Telegramm.

Wie meine Schwester Carmela geheiratet hat, hat sie nur Telegramme gekriegt.

Gegen elf Uhr abends kommt die erste Ehenacht, die eine unnormale Nacht ist, weil das Brautpaar statt zu schlafen sich gegenseitig aufreizt und erst morgens, wenn die anderen aufwachen einschläft.

Diese Dinge weiß ich aus zwei Gründen:

1) weil meine Schwester verheiratet ist und bei

uns wohnt (man braucht nur die Treppe hinunter zu gehen und ist schon bei ihr);

2) weil man diese Dinge jeden Tag im Fernsehen sieht.

## *Meine Eltern – 1*

Meine Eltern heißen Rosetta und Ciro Cuccurullo. Meine Mutter hieß vor der Heirat Anna Esposito, dann hat sie meinen Vater geheiratet und den Namen Cuccurullo angenommen.

Meine Eltern sind, was ihre Nötigkeit betrifft gleich. Mein Vater geht weg und bringt das Geld heim (von Beruf ist er Müllabfuhr), und wenn er nicht wegginge, würden wir bestimmt verhungern. Meine Mutter bleibt den ganzen Tag zu Hause, außer wenn sie uns zur Schule bringt oder einkauft, oder mich zum Schwimmbad oder zum Kommunionunterricht begleitet. Wenn es meine Mutter nicht gäbe, wäre sicher ein furchtbares Durcheinander in der Wohnung, auch in der Wohnung von Herrn Cardone, der im dritten Stock wohnt.

Meinen Vater sehe ich wenig, weil unsere Tage entgegengesetzt sind. Wenn ich in der Schule bin, ist er zu Hause, wenn ich von der Schule zurückkomme, ist er bei der Gewerkschaft, wenn er von der Gewerkschaft zurückkommt, bin ich im Schwimmbad oder beim Kommunionunterricht. Erst wenn ich aus dem Schwimmbad oder vom Kommunionunterricht zurückkomme, sitzt er kerzengerade im Sessel und stellt mir sehr ausführliche Fragen. Wir essen zusammen, und dann geht er arbeiten: er hat Nachtdienst. In einem ganzen Monat sehe ich meinen Vater nur mäßig.

Meine Mutter dagegen ist schön fest zu Hause: sie wäscht uns, zieht uns an, putzt die Schuhe. Sie verliert keine Zeit, uns gern zu haben. Wir verstehen uns zu Hause alle gut, auch wenn wir nicht viel Geld haben und die Geschmäcker verschieden sind. Wenn wir ein Möbel kaufen, kaufen wir es auf Raten, aber das ist uns auch recht.

Sonntags bringen uns unsere Eltern zum Birnchenschießen oder ins Aquarium.

## *Meine Eltern – 2*

Meine Mutter ist gut zu mir. Sie versteht meinen Charakter und hilft mir. Wenn ich abends zu spät komme, läßt sie den Teller für mich auf dem Tisch stehen. Wenn mich gewisse Freunde besuchen, denen sie nicht traut, verrät sie es nicht meinem Vater, sondern sagt nur Gebete. Und wenn ich mit denen aufs Moped steige, guckt sie mir durch die Scheiben nach, um mich zu begleiten.

## *Meine Eltern – 3*

Meiner Mutter sind wie sie mich geboren hat, vor Gewalt die Krampfadern ausm Hintern rausgekommen, und dafür bin ich ihr ewig dankbar.

*Hast du Geschwister?*
*Wenn ja, wie stehst du zu ihnen?*
*Wenn nein, möchtest du gern*
*welche haben?*

Ich habe drei Schwestern und keine Brüder.

Da es diese Schwestern nun mal gibt, sagen wir ruhig auch, wie sie heißen. Sie heißen Ada, Bice und Rossella. Sie sind mittelgroß, haben braunes Haar, normale Augen. Sie sind alle drei älter als ich und außerdem Weiber, deshalb spiele ich nicht mit ihnen und werde nie mit ihnen spielen.

Meine Schwester Rossella hat eine kreischige Stimme und wenn sie mit ihrem Verlobten spricht, stopft man sich besser die Ohren zu, weil es einem direkt ins Hirn geht.

Ich bin ehrlich: ich sage, daß mir ein Bruder fehlt, ich bin nicht wie gewisse andere, die sich genieren zu sagen, daß er ihnen fehlt und sagen, daß er ihnen nicht fehlt.

Wenn ich einen Bruder hätte, wäre ich immer zufrieden, auch wenn die drei Schwestern dann immer noch da wären. Ich könnte mit ihm Sega spielen oder Super Nintendo und abends, wo ich nie ruhig einschlafe, hätte ich jemand, mit dem ich im Dunkeln reden könnte.

Ich wünsche mir einen Bruder, aber der wird nie kommen, weil, wenn ich jetzt zehn Jahre alt bin, werde ich zwanzig sein, bis er zehn ist, und dann kann ich nichts mehr mit ihm anfangen.

Wenn ich einen Bruder hätte, könnten wir uns die Kleider leihen und die Hosenträger und die Sammelbildchen tauschen und zusammen ins Stadion gehen, wo dann, wenn auch Rossella käme (die will immer überall mit!) ihre kreischige Stimme von dem Geschrei der Menge zugedeckt würde.

Die einzige Lösung, die ich sehe, wäre die, daß meine Eltern einen Sohn wie mich adoptieren, ich meine, einen der so alt ist wie ich. Aber wenn ich mir's genau überlege, geht auch das nicht, weil wir keine reiche Familie sind (das heißt, wir sind eher arm als reich) und keiner ihn uns geben würde.

Aber wenn ich ihn mir aussuchen könnte, würde ich mir am liebsten einen Schwarzen aussuchen, damit meine Schwestern Angst kriegen!

*Das Evangelium sagt:*
*»Seid fruchtbar und mehret euch.«*
*Ist es auch heute noch richtig,*
*viele Kinder zu bekommen? – 1*

Gegenüber von wo ich wohne, wohnt eine Familie, die sie Pucchiacchella* heißen, weil sie immer einen Haufen Kinder kriegen. Die Mutter hat fünfzehn Kinder gekriegt und ebenso viele hat der Vater gekriegt. Die Kinder treiben sich den ganzen Tag auf der Straße rum, um was zum Essen oder ein liegengelassenes Spielzeug zu finden.

Der Vater ist seit er nicht arbeitet arbeitslos.

Die Pucchiacchellas sind eine arme Familie, ihre Wohnung ist so dreckig wie ein Mülleimer. In der Wohnung gibt es mindestens fünftausend Läuse. Ganz Calvizzano kennt sie. Wenn sie statt so viele nur zwei Kinder hätten, wären sie jetzt nicht in dieser Lage.

Die Mama hat nur ein Auge und hat trotzdem fünfzehn Kinder gekriegt.

* Abschätziger Beiname. Pucchiacca bedeutet auf neapolitanisch »weibl. Scham«.

Einer ist Mortadella, der wird so genannt, weil er richtige Wurstfinger hat. Der treibt es wirklich wild: kommt in die Schule rein, verarscht die Kinder und klaut sogar Fahrräder. Und wißt ihr, was er noch macht? Er steckt sich Vögel in den Mund rein und tut wie ein Exorzist oder so was. *Visitors, visitors*... Einmal hat er eine tote Taube genommen, den Mund aufgemacht und sie reingesteckt... einfach so!...

Auch die Zigeuner haben viele Kinder, aber nicht weil sie sie selber kriegen, sie stehlen sie den andern und dann schicken sie sie auf die Straße zum betteln. Ich werde meinem Kind, damit es nicht von den Zigeunern gestohlen wird, mindestens ein halbes Dutzend Befehle beibringen!

*Das Evangelium sagt:*
*»Seid fruchtbar und mehret euch.«*
*Ist es auch heute noch richtig,*
*viele Kinder zu bekommen? – 2*

In Indien, in Afrika und im Sanità-Viertel* kriegen sie Kinder wie die Fliegen und dann nachher jammern sie, daß sie sie nicht satt bekommen. Wir sind auch sechs bei mir zu Hause, aber meine Eltern bitten keinen um Hilfe, weil sie das schon gemacht haben und keiner uns geholfen hat.

Auch wenn der Herrgott gesagt hat, seid fruchtbar und mehret euch, hat er damit nicht gemeint, daß man andauernd Kinder kriegen soll, sondern nur die unvermeidlichen, damit diese gut leben können.

Die Chinesen dagegen sind nur fruchtbar und mehren sich nie.

* Volkstümliches Viertel in Neapel

## *Das Evangelium sagt: »Seid fruchtbar und mehret euch.« Ist es auch heute noch richtig, viele Kinder zu bekommen? – 3*

Ich bin erst zehn, vielleicht liegt es daran, daß ich einfach nicht verstehen kann, warum die Leute so viel darüber reden, ob sie Kinder kriegen sollen oder nicht und dabei dann auch noch wütend werden. Für mich ist das ganz einfach: wenn du genug Geld hast, um für sie zu sorgen, dann kriegst du welche und sonst eben nicht. Aber die Erwachsenen machen alles so kompliziert. Mein Onkel Vincenzo zum Beispiel hat sieben Kinder, im Mai kommt noch eines und er hat keine feste Arbeit.

Deshalb hat er gesagt, Schluß jetzt mit den Kindern, und meine Tante Carmelina ist auch einverstanden. Aber dann geht sie nach Porta Capuana zu ihrer Mutter und kommt jedesmal heulend zurück, weil die immer sagt, daß es Todsünde ist, wenn man Kinder absichtlich nicht kriegt, daß der Papst sie will und alle Verhütungsmethoden verbietet. Dann kriegt Onkel Vincenzo eine Sauwut und schreit, was weiß denn der Papst davon, der ist doch Junggeselle und hat einen Haufen Geld. Dann beruhigt er sich wieder, streichelt sie und sagt zu ihr, daß sie beide vielleicht doch eine erlaubte Möglichkeit finden können, um Kinder zu verhüten. Aber dann weint Tante Carmelina noch lauter und sagt, daß es keine einzige gibt, bei der man nicht in die Hölle kommt.

Ich habe ein bißchen in das Büchlein von Lupo Alberto reingeguckt und glaube nicht, daß die Verhütung so was Schreckliches ist.

Die zwei berühmtesten Methoden sind das Präservativ und die Pille. Die Pille ist eine ovale Tablette in Form von Aspirin, die geschluckt wird und die Kinder im Bauch wegschafft, bevor sie sich bilden. Aber Achtung: um böse Überraschungen zu vermeiden, muß die Pille in einem Atemzug eingenommen werden. Das Präservativ ist eine Gummihülle für den Mann, die die Spermatozoen daran hindert, in den Uterus einzudringen und Kinder zu machen. Man kauft es in der Apotheke oder im Laden und benutzt es von Anfang bis Ende, aber nur einmal, weil wenn es zerreißt, gibt es eine Pleite. Die Pille schützt vor Kindern aber nicht vor Aids, das Präservativ dagegen schon, deshalb ist es gut, wenn man es immer in der Tasche hat.

Von einer Freundin meiner Schwester habe ich, wie sie leise geredet haben, gehört, daß es auch noch das Diafagma gibt, das tut sich die Ehefrau rein und es sieht aus wie ein Schirm. Aber ich kann mir nicht vorstellen, wie es funktioniert.

Ich hoffe, daß bis ich groß bin, ein paar Systeme erfunden worden sind, die dem Papst etwas sympathischer und auch nicht so lächerlich sind.

*Das Evangelium sagt:*
*»Seid fruchtbar und mehret euch.«*
*Ist es auch heute noch richtig,*
*viele Kinder zu bekommen? – 4*

Meiner Meinung nach kann man, wenn man mal vier oder fünf Kinder gekriegt hat, mit der Abtreibung anfangen. Hauptsache, man tut dem Kind dabei nicht allzu sehr weh.

*Im Kapitel über die Feudalherrschaft haben wir von einem schweren Mißbrauch gehört: das »ius primae noctis«... – I*

Ich wußte ja, daß sie im Mittelalter Schufte, Usurpatoren und Ligisten waren, aber so schlimm habe ich es mir dann doch nicht vorgestellt, als der Lehrer es erklärt hat, konnte ich es nicht glauben. Ich dachte, das sind erfundene Sachen, die er erzählte, weil er halt das Mittelalter aufm Kiecker hat, aber dann habe ich es in einem richtigen Buch gelesen und also...

»Ius primae noctis« ist lateinisch und bedeutet »Recht der ersten Nacht«, das heißt, daß die Braut eines Leibeigenen (die so ähnlich war wie heute die Frau eines Albaners) ihre Hochzeitsnacht nicht mit ihrem Mann verbrachte, sondern mit dem Lehnsmann oder Lehnsherrn. Und das ist genau betrachtet ganz unerträglich.

Wer weiß, wieviel das Mittelalter zu leiden gehabt hat! Damals gab es leider kein einziges Gesetz für die Armen, und sie konnten sich nie wehren. Wenn also eine Leibeigene heiratete, dachte sie gleich an die erste Nacht, die sie mit dem Feudalherrn verbringen mußte und regte sich furchtbar auf. Und auch während des Hochzeitsfestes dachte sie immer nur daran und regte sich immer noch mehr auf. So gegen Mitternacht holte sie dann jemand mit dem Wagen ab und brachte sie zur Burg. Und dort geschah die Tat.

Das einzig Gute an dem »ius primae noctis« war, daß das Mädchen aus der Hütte ihres Mannes auf die Burg des Feudalherrn kam, und so war die erste Nacht für sie so wie wenn sie in ein Fünf-Sterne-Hotel gegangen wäre, wie das alle modernen Bräute machen.

Wenn ich ein Armer des Mittelalters gewesen wäre und meine Frau die erste Nacht mit dem Lehnsherrn hätte verbringen müssen, hätte ich ihr bevor sie ging ein Kilo Knoblauch und eine Zwiebelsuppe zum Essen gegeben und dann wäre ich doch mal gespannt gewesen, ob dieser Schuft sie mir nicht schnurstracks zurückgeschickt hätte!

*Im Kapitel über die Feudalherrschaft haben wir von einem schweren Mißbrauch gehört: das »ius primae noctis«... – 2*

Wenn ich einer aus dem Hochmittelalter gewesen wäre, hätte ich dem Lehnsherrn einen ganz schönen Streich gespielt, den der nicht so schnell vergessen hätte... Als erste Nummer hätte ich eine Albanerin mit Schnurrbart geheiratet und als zweite Nummer dann die schönste Frau der ganzen Gegend.

## *Was hältst du von Ehescheidungen? – 1*

Ich bin zu klein, um etwas über Ehescheidungen sagen zu können, ich könnte höchstens was übers Heiraten sagen. Da ich aber im Fernsehen sehr viele Serien gesehen habe mit so vielen Schauspielern, die sich dauernd scheiden lassen, kann ich doch was dazu sagen.

Ich glaube, daß der Hauptgrund der Scheidung der Mann ist, und das sage ich nicht, weil ich ein Mädchen bin, sondern weil es wirklich so ist.

Die Frau bleibt zu Hause und macht die Hausarbeit: sie wäscht, bügelt, kehrt, bricht die Nudeln in Stücke, macht die Betten und kümmert sich ums Essen. Wenn jemand an die Tür klopft, ist es nur der Briefträger oder der Hausmeister oder höchstens die Spritzenfrau für die Oma. Der Mann dagegen geht am frühen Morgen aus dem Haus, steigt ins Auto, kauft die Zeitungen und geht ins Büro, und im Büro trifft er die Sekretärin an, die schon seit zwanzig Minuten auf ihn wartet: logisch, daß er früher oder später drauf reinfällt. Mein Vater ist nicht drauf reingefallen, weil er zu Hause arbeitet, er glättet das Leder für den Handschuhmacher.

Wenn eine Hausfrau entdeckt, daß ihr Mann sie betrügt, ruft sie ein Taxi und fährt zum Anwalt. Der Anwalt hat auch eine Sekretärin, aber in dem Moment muß er so tun wie wenn sie ihm unsympathisch wäre. Er prüft, ob man was machen kann, daß sie sich gegenseitig verzeihen.

Wenn es ihm gelingt, ruft das Paar wieder ein Taxi und fährt nach Hause, wenn es ihm nicht gelingt, muß er den Prozeß vorbereiten. Wenn sie sich in der Zwischenzeit, bis der Prozeß beginnt verzeihen, wird alles wieder wie vorher, wenn nicht, muß man sehen, wie es in der Fortsetzung weitergeht.

Von all den Scheidungsfernsehfilmen, die ich gesehen habe, tun mir immer am meisten die Kinder leid, die nicht wissen, zu wem sie sollen und die ihre Eltern streiten sehen.

Wenn ich der Sohn von zwei Scheidenden wäre, die sich die Kinder aufteilen wollen, würde ich weder bei meinem Vater noch bei meiner Mutter bleiben, sondern ins Madonna-dell'Arcore-Heim gehen und nie mehr zu meinen Eltern zurückgehen, dann würden die wenigstens merken, was sie mir angetan haben.

## *Was hältst du von Ehescheidungen? – 2*
## (Verstreute Gedanken)

In Arabien lassen sie sich nur sehr selten scheiden, denn da die Frauen Schleier tragen, weiß der Mann, was er aufgibt, aber nicht, was ihn erwartet.

Ich habe in Sperlonga zwei Geschiedene kennengelernt. Er ist aus dem Haus gegangen und man hat nie mehr was von ihm gehört. Und sie ist vor Kummer ein Albino geworden.

Besser rumhuren als sich scheiden lassen. Weil eine Hurerei dauert kurz und die Frau erfährt es nicht, während die Scheidung das ganze Leben dauert und die ganze Familie leiden läßt.

Man kann sich auch ein bißchen scheiden lassen und dann versprechen, wieder zur alten Familie zurückzukommen.

Geschieden sein heißt in einem gewissen Sinn, sich gegenseitig Hörner aufsetzen.

Charles und Diana betrügen einander von morgens bis abends, ohne sich scheiden zu lassen: jetzt verstehe ich, warum die Leute vom englischen Phlegma reden.

Das Traurigste auf der ganzen Welt ist, sich am Weihnachtsabend scheiden zu lassen…

## *Weißt du, wie sich deine Eltern kennengelernt haben? – 1*

Mein Vater und meine Mutter haben sich am Hafen von Neapel in der kleinen Anlage kennengelernt, die vor dem Tunnel ist, wo es daneben eine Art Unterführung gibt. Den Namen der Straße weiß ich nicht genau, aber ungefähr.

Er angelte mit einer Angel, und meine Mutter war noch nicht da. Er versuchte schon seit einer oder zwei Stunden, ein paar Fische zu angeln, aber es kam kein einziger. Schließlich hat er doch einen geangelt: es war ein Ährenfisch, ein Gründling, oder was weiß ich, wie er hieß, aber er war klein. Er tat ihn in einen Korb, und der Fisch hat sich herumgewunden und er hat richtig gezuckt, weil die Fische außerhalb vom Wasser nicht gut atmen, sie sind nicht wie die Amphibien, denen die Atmosphäre völlig Wurst ist.

In dem Augenblick kam meine Mutter, die gegenüber beim Tennisspielen gewesen war, sah wie der Fisch zappelte und bat meinen Vater, ihn zu befreien, wo er doch nur ein Kümmerling war, mit dem er nichts anfangen konnte. Oder wollte er sich mit dem vielleicht groß aufspielen?

Mein Vater war zuerst sauer, weil er ihn nach all der Anstrengung nicht einfach wieder ins Meer schmeißen wollte, aber dann hatte er doch Mitleid und warf ihn rein. Als der Kümmerling befreit war, sagte mein Vater ganz wütend zu meiner Mutter: »Na, sind Sie jetzt zufrieden?« und meine Mutter antwortete ja. Und so fingen sie zu reden an. Zu achtzig Prozent haben sie gestritten und zu zwanzig Prozent geredet. Am Schluß haben sie aber dann ich weiß nicht wieviele Jahre später dank diesem Kümmerling geheiratet.

Die Liebe zwischen einem Mann und einer Frau ist eine sehr schwierige, sehr empfindliche Sache, man muß sehr vorsichtig sein, weil wenn man einen Fehler macht, gibt es Scherereien. In der Grundschule kann man vielleicht noch einen Fehler machen, in der Mittelschule hat man auch noch Zeit, im Gymnasium ist es schon fast zu spät und an der Universität ist nichts mehr zu machen.

Ich bin zehn Jahre alt und habe mich schon

ziemlich oft verliebt, aber ich schwöre, noch nie in eine aus dieser Klasse. Meine Geliebten waren: Concetta, Maria Pia, Gianna, Maria Angela, Rosaria, Adele, Luisa, noch eine Rosaria, Annamaria, Paola, Wanda und Gertrude. Die Gertrude behalte ich von der Grundschule bis zur Universität und dann heirate ich sie.

## *Weißt du, wie sich deine Eltern kennengelernt haben? – 2*

Sich selber zu lieben, ist natürlich, aber die andern zu lieben, ist in gewissem Sinn unnormal, weil einer einen Haufen Opfer bringen muß und oft gar nichts für einen dabei herauskommt, warum soll man sich dann überhaupt darauf einlassen?

Ich werde mich glaube ich nie in jemanden verlieben, weil ich gewissermaßen schon gezwungen bin, meine Eltern, die Geschwister, Vettern und Verwandten zu lieben und zu all dem kommen dann auch noch glatt fünf Freunde hinzu.

Was die Frage betrifft, wie sich meine Eltern kennengelernt haben, habe ich keinen Schimmer: sagen wir, auf einem Tanzfest...

## *Weißt du, wie sich deine Eltern kennengelernt haben? – 3*

Herr Lehrer, die Esposito Carmela schreibt, daß sich ihre Eltern im Restaurant kennengelernt haben, aber das stimmt nicht: sie haben sich in der Wohnung meiner Tante kennengelernt, die rote Socken trägt.*

* Das bedeutet: Sie ist Heiratsvermittlerin

## *Weißt du, wie sich deine Eltern kennengelernt haben? – 4*

Woher soll ich wissen, wie sich meine Eltern kennengelernt haben, wenn ich noch nicht mal geboren war? Herr Lehrer, manchmal geben Sie antischulische Themen!

## *Äußere dich zu dem Paulus-Wort: »Die Frauen seien untertan ihren Männern als dem Herrn« – 1*

Auch wenn dieser Satz ungerecht scheint, glaube ich doch, daß er nicht ungerecht ist, wenn man ihn richtig einschätzt, denn er ist von Paulus gesagt worden, einem heiligen Vater und Freund von Jesus, der doch keinen Quatsch geredet hat. Wenn irgendein anderer diesen Satz gesagt hätte, wäre er einfach ein Mistkerl gewesen.

Ich sage diese Dinge, obwohl ich ein kleines Mädchen bin und sie nicht sagen sollte. Der Mann soll über der Frau stehen, weil im Leben immer einer befiehlt und der andere gehorcht. Wenn alle befehlen würden, wer würde dann noch dienen? Dann gäbe es keinen einzigen Straßenkehrer mehr, und wer würde den Tisch abräumen, wenn niemand ihn gedeckt hätte?

Zum Beispiel: in dieser Schule befiehlt die Direktorin und alle müssen ihr gehorchen. Aber wenn die Direktorin nach Hause geht und ihren

Mann trifft, dann befiehlt *er* der Direktorin, weil er ihr Mann ist, auch wenn er in dieser Schule nur Hausmeister ist.

Bei mir zu Hause befiehlt mein Vater und gleich danach kommt meine Mutter, aber ich kenne eine Familie, wo als erste die Mutter befiehlt, und dann kommt der Vater, weil der Vater nur ein Bein hat.

Mir befehlen zur Zeit zu Hause alle, weil sie alle Männer sind, aber wenn ich mal heirate, räche ich mich verdammt an meinem Mann!

## *Äußere dich zu dem Paulus-Wort: »Die Frauen seien untertan ihren Männern als dem Herrn« – 2*

Wenn ich heirate und mein Mann mir befehlen will, knalle ich ihm das Nudelsieb auf den Kopf, dann werden wir ja sehen, wer der Chef ist!

# *Liebe und Sex im Alltag*

## *Endlich ist der Frühling da – 1*

Vor zwei Tagen ist der Frühling eingekehrt, und der Himmel, der vorher grau war, ist blau geworden und wirkt auch größer. Die Wolken sind weißer und sehen wie Rasierschaum aus. Wenn man diese Wolken betrachtet, kann man viel entdecken, vor allem, wenn einen die Sonne nicht blendet. Dann sieht man so bizarre Formen, so optische Täuschungen, so hervorspringende Figuren. Ich habe zum Beispiel genau am 21. März einen ganz plastischen Frosch gesehen.

Die Temperatur wird im Frühjahr höher und die Tage werden länger, deshalb sieht man immer mehr Leute spazierengehen, vor allem die Schmachtlappen und Rumpussierer. In Giugliano steigen die Pärchen in ihren Uno und fahren in die Via Duomo in Neapel, um die Hochzeitskleider zu kaufen, weil die meisten Hochzeiten in Giugliano im Frühjahr stattfinden.

Die Bäume bedecken sich mit Blüten, die Wiesen gehen auf, die Schwalben kommen endlich zurück, obwohl ich sie nie habe wegfliegen sehen.

Der Frühling ist die schönste Jahreszeit, weil die Luft mild ist und voller Blütenduft, die scheußlichste ist der Sommer, weil man vor Hitze eingeht und die Katzen auf der Straße rumjammern. Ein Glück, daß die meisten Flegel dann nach Kalabrien abhauen!

## *Endlich ist der Frühling da – 2*

Kaum ist der Frühling da, kriegt meine Schwester soviele Pickel im Gesicht, daß sie aussieht wie die Leprakranke im Ben Hur. Von allen Jahreszeiten geht sie ausgerechnet im Frühling am wenigsten mit ihrem Verlobten aus.

## *Morgen ist Valentinstag. Erzähle etwas über dieses schöne Fest – 1*

Der Valentinstag ist ein wunderschönes Fest, und wenn man nicht in die Schule müßte, wäre es wirklich das allerschönste.

Alle Verliebten tauschen Küsse und Geschenke aus und verabreden sich am Morgen für den Abend. An diesem Tag lieben sich alle Paare mehr als am Tag vorher, sie schreiben sich Liebesbriefe oder machen sehr lange verliebte Anrufe.

Die Männer schenken den Frauen Mimosen, obwohl noch nicht der 8. März ist, aber macht nichts, auf diese Weise sind ihre Mädchen am 8. März friedlich und können nichts mehr verlangen.

Am Valentinstag kommt man beim Eboli* kaum rein vor lauter Verlobten, die da drin sind. Aber wir nicht: Mama und Papa machen sich Geschenke, wenn es sich gerade ergibt, aber mein Vater ver-

* Bekannter Juwelier in Neapel

ausgabt sich viel mehr als meine Mutter, weil er verdient, während sie mit dem zurechtkommen muß, was vom Haushaltsgeld übrig bleibt.

### *Morgen ist Valentinstag.*
### *Erzähle etwas über dieses schöne Fest – 2*

Vor ein paar Jahren habe ich an einem Valentinstag zwei Hunde gesehen, die sich mitten auf dem Platz abgeleckt haben, und da habe ich gedacht, daß sie vielleicht auch feiern.

*»Schönheit vergeht, Tugend besteht.«*
*Was meinst du*
*zu diesem Sprichwort?*

Dieses alte Sprichwort bedeutet, daß wir demjenigen, in den wir uns verlieben nicht so genau ins Gesicht sehen sollen, ob er schön oder häßlich, reich oder arm ist, ob er groß ist oder einen Buckel hat. Sollen denn auf dieser Welt nur noch Berlusconi und Ronn Moss* heiraten? In Wirklichkeit haben auch Pippo Franco und Totò ** geheiratet, die außer häßlich am Anfang auch noch sehr arm waren. Kurz, nicht die Schönheit und auch nicht das Geld sind das Wichtigste. Das heißt, Geld ist schon sehr wichtig, weil man ohne Geld nichts machen kann, aber es ist nicht alles. Trotzdem denke ich manchmal, daß ich zwischen einem schönen aber armen Mann und einem Häßlichen aber Reichen den letzteren wählen würde.

* Held aus »Beautiful«
** Fernsehkomiker mit langer Nase und berühmter Filmkomiker (A. d. Ü.)

Wenn ein Mädchen einem Mann begegnet, mit dem sie sich verloben kann, sieht sie sofort, ob er schön oder häßlich ist, aber sie kann nicht merken, ob er reich oder arm ist, weil heute auch die Reichen Dschiens tragen. Das ist sehr gut, weil so verloben sie sich erst mal, und dann wird man ja sehen. Meine Mutter war als junges Mädchen wunderschön, mein Vater mittel und arm und trotzdem hat sich meine Mutter geopfert und ihn genommen.

Wenn ich groß bin und mich verlobe, sage ich es ihm ins Gesicht, wenn er häßlich und arm ist, aber ich nehme ihn trotzdem, weil das Wichtigste ist, die Wahrheit zu sagen. Was die Aussteuer betrifft, hat meine Mutter schon Wäsche für mich gekauft.

*Viele wenden sich an Zauberer,*
*Astrologen und Kartenleger,*
*um ihre Liebesprobleme zu lösen.*
*Was hältst du davon?*

Meine Meinung ist, daß man eine Todsünde begeht, obwohl es Mode ist, wenn man Zauberer, Astrologen und Kartenleger aufsucht, und vor allem wenn man sie zwingt, einem gute Nachrichten über das eigne Schicksal zu geben. Es ist nicht richtig, wenn man die Zukunft wissen will, bevor sie kommt, weil es so ist, wie wenn man fliegen will. Wenn Gott gewollt hätte, daß wir fliegen, hätte er uns Flügel gegeben. Daß er sie uns nicht gegeben hat, heißt, daß wir uns nicht einbilden sollen, die Vögel nachahmen zu können: für uns ist es schon sehr viel, daß wir gehen können.

Genauso ist es mit der Zukunft. Wenn Gott gewollt hätte, daß wir sie kennen, hätte er es gleich gesagt, statt dessen müssen wir uns mit Vergangenheit und Gegenwart zufriedengeben. Ich kann mich noch erinnern, daß Jesus als sie ihn nach dem Tag des Weltuntergangs gefragt haben antwortete:

»Wie soll ich das wissen?« Wenn du dagegen Toni Binarelli fragst, legt der dir die Hände auf den Kopf und sagt sogar noch die Uhrzeit, zu der er kommt. Was für ein Schwindler, dieser Toni Binarelli! Der verkauft sogar noch die Schachteln »Der kleine Taschenspieler«, um was an Geld reinzukriegen. Wenn er ein richtiger Zauberer wäre, würde er Metallgegenstände in Goldbarren verwandeln und wäre reicher als Onkel Dagobert aus Donald Duck.

Die alten Schrullen rufen jeden Tag bei den Fernseh-Zauberern an, um zu hören, ob sie endlich einen Bräutigam finden, die würden sogar die Heiligen Drei Könige danach fragen, wenn sie ihnen begegneten ... Der Zauberer Mariano sagt, daß er ein Hellseher ist, aber wie soll er denn hellsehen, wenn ein Auge nach rechts und das andere nach links guckt? Manche Zauberer zünden rote und schwarze Kerzen an und einer hat einen Pharaokopf auf dem Schreibtisch. Das machen sie zum Angeben und die blöden Weiber fallen darauf rein und telefonieren dauernd. Annamaria Mentola empfängt jeden Tag in Neapel, Caserta, Tarent und Foggia. Aber wie soll sie denn gleichzeitig in vier verschiedenen Städten sein? Der heilige Antonius konnte höchstens in zwei sein! Kurz, die Zauberer sind alle große Bescheißer. Von wegen, daß sie die Zukunft kennen, sie kennen ja nicht einmal ihre eigene Zukunft: die Hölle von Dante Alighieri!

## *Stell dir vor, du schreibst einen Brief an jemanden, den du liebst... – 1*

Liebe Marianna,

ich weiß Deinen Namen, weil ich ihn von einer Deiner Freundinnen mehrmals gehört habe, von der Lucia Savastano nämlich, die letztes Jahr in meiner Klasse war. Sonst weiß ich aber nichts von Dir, außer, daß du in der Via Sergente Maggiore wohnst, daß Dein Vater das Schuhgeschäft an der Ecke hat und Du sonntags in die San-Ferdinando-Kirche gehst.

Ich habe mich schon am ersten Schultag wegen diesen dunkelblauen Augen und den schulterlangen Haaren in Dich verliebt.

Liebe Marianna, Du bist meine Liebe und ich bin Dir oft bis zu dem Schuhgeschäft nachgegangen, aber ich habe nie den Mut gehabt, Dich anzusprechen, ich bin immer ein paar Meter vorher wie angenagelt stehengeblieben. Aber selbst wenn es mir gelingen würde, Dich anzusprechen, was würde ich dann sagen? Bestimmt würde ich vor Scham einen Infarkt kriegen. Dabei möchte ich, daß Du von meiner Liebe erfährst, und daß auch Du mich liebst. Wenn wir uns verloben würden, verspreche ich Dir, daß ich Dich immer lieben werde und Dir viele Geschenke mache, und dann wirst Du ja sehen, ob ich mein Versprechen halte. Hauptsache, Du ziehst nicht um und hast ein bißchen Geduld mit mir.

Wenn mir meine Schüchternheit vergeht, heirate ich Dich sofort.

*Stell dir vor, du schreibst einen Brief an jemanden, den du liebst … – 2*

… Und diesen Brief habe ich Dir geschrieben, um mich mit Dir zu verloben, aber wenn Du nichts davon wissen willst, ändere ich den Namen und schicke ihn an Gabriella.

*Die Liebe wird oft von Eifersucht begleitet.*
*Wie findest du dieses Gefühl?*

Eifersucht ist für mich ein ganz ähnliches Gefühl wie Neid, nur daß der Neidische eine Sache haben will, die ein anderer hat und er nicht, während der Eifersüchtige eine Sache nicht haben möchte, die ein anderer ihm geben will, nämlich Hörner.

Eifersucht bedeutet also genau dies: Angst, daß man Hörner aufgesetzt kriegt. Das sind Dinge, die zwischen Ehemann und Ehefrau oder zwischen Verlobten passieren. Aber es gibt auch eine Art Eifersucht, die nichts mit Hörnern zu tun hat, sondern eher dem Neid ähnelt. Wenn zum Beispiel ein Kind Einzelkind ist, kümmert sich seine Mama nur um es, aber wenn dann nach einiger Zeit ein kleiner Bruder oder eine kleine Schwester auf die Welt kommt, kümmert sie sich nur noch um diese und das Einzelkind guckt in die Luft… Und aus Angst, daß es völlig abgehängt wird, entwickelt es Eifersucht.

Aber genau betrachtet sind ein bißchen Hörner schon so, wie wenn er sie wirklich aufgesetzt gekriegt hätte…

## *Die Regeln des Anstands verbieten, daß man seine Gefühle öffentlich zeigt. Scheinen dir diese Regeln richtig? – I*

Ich finde diese Regeln völlig richtig, ja ich würde sogar ein Gesetz erlassen, und wer es nicht beachtet, hätte nichts zu lachen. Auf den Bänken der Via Cesario Consolo zum Beispiel (es gibt fünf oder sechs) würde ich sogar eine Verbotstafel anbringen. Eines Tages bin ich von einem Spaziergang zum Aquarium zurückgekommen und war sehr müde. Ich sehe nach und alle Bänke waren voll mit Pärchen. Auf einer haben sie sich sogar zu dritt geküßt. Ich wollte mich irgendwo hinsetzen und da es nichts gab, habe ich mich mit meinem Onkel im Gras niedergelassen. Ich habe versucht, woanders hinzugucken, aber vorne und hinten drängelten sich überall auf den Bänken Verliebte, denen es völlig wurscht war, daß ein Kind zusah. Ich weiß, wie Kinder gemacht werden, aber gewisse Dinge, die auf diesen Bänken passieren, habe ich wirklich nicht verstanden.

Auch meine Schwester (die blöde Kuh) hat vor meinen Augen im Auto ihren Verlobten geküßt und die andere Schwester ist, wie ihr Verlobter nach Vicenza abreisen mußte, auf dem Bahnhof dauernd in Ohnmacht gefallen und alle Leute haben sich umgedreht.

Wenn diese sittenlosen Barbaren die Anstandsregeln gelesen hätten, hätten sie sich heimlich geküßt und ein gutes Beispiel gegeben.

*Die Regeln des Anstands verbieten,
daß man seine Gefühle öffentlich zeigt.
Scheinen dir diese Regeln richtig? – 2*

Einmal hat sich vor meinem Haus ein Pärchen abgeküßt. Und da wir nun mal im Sommer nur einen Balkon haben, von dem wir rausgucken können, hat die ganze Familie von diesem Balkon rausgeguckt. Den Verliebten war es aber vollkommen Wurscht, daß wir alle ihnen zugeguckt haben! Sie haben sich nur noch mehr rumgewunden! Da hat sich mein Onkel, der Lastwagenfahrer ist, aufgeregt und zu ihnen gesagt: »Möcht doch bloß wissen, wie lang wir diese Pussiererei noch mit ansehen müssen! Haut ab von hier, ihr Pack! Treibt eure Spielchen doch im Bellini*!«

* Früher gab es im Bellini-Kino gegen entsprechendes Trinkgeld für die Platzanweiserin Logen für Pärchen.

## *Gibt es Freundschaft zwischen Mann und Frau?*

Meiner Meinung nach gibt es Freundschaft zwischen Mann und Frau, aber es ist besser, wenn die Frau häßlich ist, dann besteht keine Gefahr für den Mann, daß er sich verliebt.

Wenn die Frau häßlich ist, besteht die einzige Gefahr für den Mann darin, daß seine Freunde und Bekannten, wenn er mit ihr auf der Straße rumläuft, sagen: »Wo hast du denn dieses Scheusal aufgefischt?«

Wenn die Frau dagegen schön oder auch nur hübsch ist, läßt sich Freundschaft zwischen den beiden schon sehr viel schwerer verwirklichen, weil sie dem Mann dann schon mal im Kopf rumgeht, und das ist dann für mich schon keine Freundschaft mehr, sondern privates Verliebtsein.

Bei all den Frauen, die man im Fernsehen sieht, ist Freundschaft zwischen Mann und Frau heute sehr schwierig. Früher, als es noch kein Fernsehen gab, hat ein Mann höchstens alle Frauen aus seinem Dorf gekannt. Die Schönste hat er geheiratet und mit der Häßlichsten Freundschaft geschlossen. Heute dagegen sieht man im Fernsehen zuviele schöne (auch geschminkte) Frauen, und ein verheirateter Mann, der vor dem Fernseher sitzt und sich dann umdreht und seine Frau sieht, findet sie grauslich wie die Frau vom Fantozzi, auch wenn seine Frau ganz normal und in Ordnung ist, und er möchte sie höchstens noch als Freundin.

Die Frauen sehen nicht so sehr darauf, ob ein Mann schön oder häßlich ist, weil für sie nur das Geld zählt.

Ich habe alles in allem zwanzig Freunde: achtzehn sind Jungen und zwei sind Mädchen, von diesen zwei ist eine hier in der Klasse, aber ich sage nicht, wer sie ist, um sie nicht zu sehr zu beleidigen.

*Es wird viel über die Frauenfrage diskutiert. Ist es deiner Meinung nach besser, als Junge oder als Mädchen auf die Welt zu kommen?*

Meiner Meinung nach sollte man weder als Junge noch als Mädchen, sondern überhaupt nicht auf die Welt kommen, entschuldigt, daß ich das sage, wo ich erst zehn bin, aber es ist doch so.

Wenn du als Junge geboren wirst, mußt du zuerst einmal deine Schwestern und dann die Freundinnen deiner Schwestern ertragen, die dauernd in dein Zimmer reinkommen und alle deine Sachen anfassen, vor allem den Atari.

Dann mit achtzehn mußt du zum Militär und wenn ein Weltkrieg ausbricht, bleiben deine Schwestern schön im warmen Haus und du mußt gegen Saddam kämpfen. Wenn du heiratest, mußt du zwangsläufig eine Frau heiraten, und wenn Kinder kommen, können auch Töchter kommen. Deine Frau bleibt ruhig zu Hause und kocht, und du mußt jeden Tag arbeiten gehen. Am Ende des Lebens, nachdem du dich dreißig oder vierzig

Jahre abgerackert hast, wirst du alt und kannst nicht mal mehr gehen. Und wenn du eine schlimme Krankheit kriegst, hören dir deine Töchter nicht mal zu. Dann stirbst du mit siebzig, siebenundsiebzig Jahren und weißt nicht, was dich im Jenseits erwartet.

So ist es, wenn du als Junge geboren wirst.

Wenn du als Mädchen geboren wirst, bist du schon von Geburt an nur die Hälfte wert. Du lachst wegen nichts und wieder nichts und weißt nicht, was du auf dieser Welt verloren hast. In der Schule heben dir die Jungen den Rock hoch und die Lehrerin stellt dich immer als letzte in die Reihe. Wenn du als junges Mädchen häßlich oder haarig bist, will sich keiner mit dir verloben, wenn du es dagegen schaffst, einen zu schnappen, mußt du alle Kinder gesund zur Welt bringen, sonst schreit die Schwiegermutter dauernd rum. Wenn du alt wirst, wirst du noch häßlicher als normal, und dann rette sich wer kann.

Aus diesen und anderen Gründen wäre ich am liebsten gar nicht auf die Welt gekommen, aber da ich nun einmal geboren bin, ist es mir lieber, daß ich als Junge geboren bin.

*Früher gab es keine gemischten Klassen. War das deiner Meinung nach gut oder schlecht?*

Ich sage, daß das in vieler Hinsicht gut war, weil ich nämlich glaube, daß wir Mädchen sehr viel schneller lernen als die Jungen, auch wenn wir, das gebe ich zu, mehr schwatzen. Aber das ist auch für sie gut, denn wenn wir nicht so viel reden würden (wir sind sogar unaufmerksam…) würden wir noch viel schneller lernen, und wer weiß, wie weit wir sie dann zurücklassen würden, die Ärmsten: Wir würden sie ganz aus dem Blick verlieren!

Eine Frau hat meiner Meinung nach, obwohl manche in der Schule nicht gut ist (also das kann ja jedem passieren), sehr viel mehr Ahnung als der Mann, und auch wenn sie eine Erklärung nicht versteht, erahnt sie sie trotzdem. Der Mann ist sicher ernsthafter, aber man muß ihm alles zweimal oder noch öfter erklären… Deshalb ist es für die Mädchen schließlich furchtbar langweilig, mit den Jungen in einer Klasse zu sein. Außerdem streiten und prügeln sie sich öfter, sagen Ausdrücke und geben uns ein schlechtes Beispiel. Denn obwohl die Jungen in dieser Klasse rechts sitzen und wir links hören wir ihre Sauereien trotzdem, und wie! und sehen auch gewisse schweinische Zeichnungen... Ganz zu schweigen, wenn wir aus Versehen ins Jungenklo reingehen! Da stehen Sachen an der Wand... schlimmer als an der Höllenpforte!

Aber unsere Schulkameraden sind nicht allein schuld. Sie langweilen sich genauso mit uns und wären lieber mit anderen Jungen zusammen, mit denen sie spielen und über Fußball reden könnten. Wenn wir nämlich auf den Sportplatz hinuntergehen (na ja, ich habe diesen stinkenden Hof jetzt mal Sportplatz genannt), spielen sie auf der einen Seite Ball und wir machen auf der anderen Ringelreihen.

Soll das dann eine gemischte Klasse sein?

*Früher gab es getrennte Strände:*
*die Männer auf der einen Seite und*
*die Frauen auf der anderen.*
*Wie stellst du dir diese Szene vor?*

Das hätte ich nie geglaubt, daß die Strände früher nach Männern und Frauen getrennt waren. Entdeckt habe ich das erst, als ich einen Totò-Film sah, wo Totò einen Araber ohne Geschlecht spielt und sie ihn in die Abteilung für Frauen reinlassen. Da habe ich dann verstanden, wie man im neunzehnten Jahrhundert an den Strand gegangen ist. Bei all den vielen Transvestiten, die heute auf der Welt rumlaufen und vor allem in Neapel, hätte ich ja gern gesehen, in welchen Teil sie die reingelassen hätten (aber ich glaube, in einen extra dritten Teil).

In dem Totò-Film habe ich auch gesehen, was die für Badeanzüge getragen haben. Die Männer waren schon lächerlich genug, weil sie außer einer Art gestreiften Schlafanzug auch noch hochgezwirbelte Schnauzer hatten, aber die Frauen waren wirklich zum Schreien: die waren vermummt wie

Mumien! Und hatten sogar noch Sonnenschirmchen, damit sie bloß keine Sonne abkriegten! Heute ist es genau das Gegenteil: Männer und Frauen sind gemischt sowohl am Strand wie im Meer. Und im Meer küssen sie sich sogar und rücken sich auf den Pelz, weil keiner sie dabei sehen kann.

Die Badeanzüge der Männer sind einteilig, die der Frauen einteilig oder zweiteilig. Einteilig bedeutet entweder, daß sie einen Badeanzug haben, der sie ganz bedeckt (wie meine Mutter, die zu dick ist, um einen Zweiteiler tragen zu können) oder daß sie oben nichts haben. In Miliscola ist eine, die oben nichts anhat und um sie herum sind immer eine Unmenge Leute. In Meta di Sorrento gibt es zuviele Wespen an den Abfallkörben, deshalb nähert sich niemand den Frauen im Einteiler, sonst würden sie natürlich immer nur glotzen! An den freien Strand von Licola gehen die Flegel, die kommen aus Secondigliano, Afragola und Qualiano und verdrecken alles: sie werfen das Papier auf den Boden, essen Fritten und schmeißen den Rest ins Meer und bringen sogar die Großmutter mit.

Das Meer am freien Strand ist wärmer als normal, weil die Kinder reinpissen und niemand was sagt. Ihre Eltern legen die Füße auf die weißen Tischchen in der Bar und holen immer mit einem Trick die Bällchen aus dem Flipper, ohne je zu zahlen. Die Badehosen am freien Strand sind nicht wie unsere: dort baden sie in Unterhosen und die Männer haben die abgetragenen kurzen Hosen vom Napoli an.

Sie spielen Ball, wenn man nicht spielen darf, stellen das Stereo auf volle Lautstärke und lachen die Afrikaner aus. Die Afrikaner sind dick behängt mit Schals und Umhängen und laufen barfuß den ganzen Strand ab und versuchen was zu verkaufen.

Wenn sie nichts verdienen, können sie sich nur eine Qualle braten.

*Jugendliche gebrauchen oft eine derbe Sprache voller unanständiger, meist sexueller Ausdrücke. Wie erklärst du dir das?*

Ich habe in meinem Leben nur sehr wenige unanständige Worte gebraucht, vielleicht, weil ich erst seit kurzem Jugendlicher bin und mich noch nicht daran gewöhnt habe. Außerdem haben sie mich in meiner Familie gut erzogen: bei uns flucht keiner oder sagt unanständige Wörter, höchstens mal »Du kannst mich«, wenn er wirklich sehr ärgerlich ist.

Viele Jugendliche sagen die Sexwörter, weil sie sie in der Disko hören, wo zu wenig Platz ist: sie wollen sich wichtig machen und groß angeben, wer die schlimmsten Sachen sagt.

Auch im Fernsehen hört man einen Haufen unanständige Worte. Viele verstehe ich nicht, aber ich verstehe, daß sie sexuell sind, weil alle lachen. Ich habe mir alle Filme von Dick und Doof angesehen und habe wie verrückt gelacht, dabei kam da nicht ein einziger schlechter Ausdruck vor.

*Häufig liest man traurige Geschichten über ganz junge Mädchen oder aber über Frauen, die in fortgeschrittenem Alter Kinder bekamen. Was denkst du darüber?*

Manchmal liest man in der Zeitung über einen kleinen Säugling, der in einem Müllbeutel oder aber in einem kugelsicheren Auto abgelegt worden ist. Ich habe einmal einen Chaplin-Film gesehen, wo ein Kindchen in einer fahrenden Wiege war. Diese armen Geschöpfe sind vor der richtigen Zeit gemacht worden, das heißt, als ihre Mütter noch zu jung waren und nicht gewußt haben, wie sie sie machen sollen und sie deshalb verlassen haben…

Diese blutjungen Mütter sind Mörderinnen, aber manchmal sind sie dazu gezwungen, weil ihre Verlobten sie vor der Hochzeit verlassen und sie nicht wissen, wie sie dieses Kind vor ihren Eltern rechtfertigen sollen.

Andere junge Mütter dagegen sind in der Diskothek oder im Feriendorf und machen die Kinder in den Schlafsäcken.

Was mich aber ganz übernatürlich ankotzt sind

die alten Frauen, die in dem Alter noch Kinder kriegen. Die von der wir in der Klasse gelesen haben, war über sechzig und hat sich erst dann entschlossen, ihr erstes Kind zu kriegen. Wenn dieses Kind zehn Jahre alt ist, ist seine Mutter seine Großmutter!

*Die Zeitungen berichten oft*
*über sexuelle Gewalt gegenüber Kindern,*
*wie in der Notiz aus dem* Mattino,
*dir wir vor kurzem gelesen haben…*

Mich bringt zum Glück mein Opa in die Schule, und er holt mich auch wieder ab. So bin ich in Sicherheit. Aber wenn keiner mich hinbringen und wieder abholen würde, wäre ich schwer in Gefahr. Abgesehen davon, daß ich unter ein Auto kommen könnte, abgesehen davon, daß irgendein Drogenhändler mir Fruchtsaft mit Drogen geben und die Camorristen mich zwingen könnten, Kokain zu verkaufen, könnte ich vor allem von einem Monster geraubt werden. Ich kenne zum Beispiel einen, der in der Floridiana* unter dem Vorwand, daß er mit den Kindern Ball spielt sie mit zu sich nach Hause nimmt und sie vergewaltigt. Er ist dreißig, fünfundreißig Jahre alt und hat eine doppelte Brille wie Filini**.

Diese Monster kommen manchmal in der Zei-

* Park auf dem Vomero-Hügel
** Kurzsichtiger Buchhalter aus der Fantozzi-Serie

tung heraus, und man liest, daß sie überall Kinder vergewaltigt haben, sogar die aus dem Kindergarten! Deshalb muß man gut aufpassen, wem man trauen kann.

Ich traue keinem, vor allem den Monstern nicht.

## *Berichte über die Gewalt in den Fußballstadien*

Ich bin nur ein einziges Mal zufällig in einem Fußballstadion gewesen. Ich wollte das Spiel Napoli – America Rio direkt sehen. Und da es sich um ein Freundschaftsspiel handelte, gab es überhaupt keine Gewalt, obwohl alle Spieler schwarz waren. An jenem Tag spielten sie nachts, und der Napoli gewann mit fünf Törchen zu Null.

Aber die Spiele verlaufen nicht immer so ruhig, oft gibt es dreifache Gewalt: auf dem Spielfeld, im Stadion und vor dem Stadion.

Auf dem Spielfeld verprügeln sich die Spieler selber, machen fauls, hauen sich die Schädel ein und verpassen sich hinter dem Rücken des Schiedsrichters rechte Haken.

Im Stadion findet die Gewalt zwischen den verschiedenen Fans statt. Jeder möchte, daß seine Mannschaft gewinnt und am Schluß prügeln sich alle. Manchmal greift die Polizei mit ihren immer rasend wütenden Hunden ein, aber wenn sie dann die Gefahr wittert, verdrückt sie sich wieder.

Auch vor dem Stadion prügeln sie sich und machen Aufstände, aber die Polizei kommt hier statt mit den Hunden mit Pferden. Mein Vater hat mal, wie er da vorbeikam und gar nichts mit dem Spiel zu tun gehabt hat, einen Tritt von einem Pferd gekriegt.

Am besten bin *ich*, weil ich in aller Ruhe zu Hause bleibe und mir Antenna Capri angucke.

## *Wie urteilst du über den Krieg? – 1*

In unserem Geschichtsbuch sind außer dem Kapitel »Entdeckungen und Erfindungen« alle Kapitel mehr oder weniger über den Krieg. Es fängt mit den Conquistadores an und endete beim Zweiten Weltkrieg. Gerade gestern haben wir über Caporetto gelesen, wo wir schwer was abgekriegt haben.

Der erste irdische Krieg hat gewissermaßen mit Kain und Abel und mit Abels Niederlage angefangen, aber nur weil er reingelegt worden war und nicht damit gerechnet hatte. Ich weiß nicht mehr, wieviele Kriege es von dem Augenblick an gegeben hat: Athen gegen Sparta, Rom gegen die Elefanten, die Kreuzzüge, den Ersten und den Zweiten Weltkrieg, die Kriege im Risorgimento und auch ein paar türkische.

In Neapel wurden die Deutschen mit Gewalt durch Spucken ins Gesicht vertrieben.

Heute geht es im Krieg jedoch moderner zu. Gestern waren die Waffen rar und vor allem langsam, heute dagegen gibt es die Atombombe, die man nicht nachladen muß und die chemischen Waffen, die die Luft töten und einen großen Teil des Atems nehmen. Und außerdem gibt es die Verseuchung mit Erdöl, wie das was Saddam in den Golf geschmissen hat. Wenn ein Vogel vom Persischen Golf durch Waterloo gegangen wäre, hätte er ganz bestimmt weniger Federn gelassen.

Der Krieg ist das Grausamste auf der Welt, vor allem wenn sich Brüder gegenseitig töten. Wenn es in Italien nicht die Verfassung gäbe, würde ganz bestimmt ein Krieg zwischen Nord und Süd ausbrechen und vielleicht würde der Norden gewinnen, weil die weniger faul sind.

Heute gibt es viel Krieg auf der Welt: in Bosnien, in Israel, in Palästina, in Cuba usw. Ich würde diesen verrückten Kriegern ein Ultimatum stellen: entweder ihr hört jetzt mit dieser Gewalt auf oder ich bringe euch alle um!

*Wie urteilst du über den Krieg? – 2*

In der Gegend, wo ich wohne, gibt es schon in Friedenszeiten kein Wasser, da braucht jetzt nur noch ein Krieg zu kommen, dann haben wir ein für allemal getrunken…

*Wir alle müssen unser Vaterland lieben …*

Wir alle müssen unser Vaterland lieben, weil genau betrachtet das Vaterland uns das Leben geschenkt hat, indem es unsere Eltern genau da hat auf die Welt kommen lassen. Mein Vaterland ist Italien. Italien ist ein ziemlich neues Land (denn es gibt sehr viel ältere, zum Beispiel China), das mit Aosta anfängt und mit Ragusa aufhört. Seine Fahne ist die Trikolore, seine Hauptstadt Rom. In Rom ist der Papst, dieses Jahr ein Ausländer. In Italien fließt mindestens ein berühmter Fluß, der Po, und es hat bedeutende Seen und Wälder. Außerdem hat es sehr zerklüftete Berge im Norden und ein wenig auch im Süden und in der Mitte. Italien hat überall Grenzen: zu Jugoslawien, Frankreich, Schweiz, Österreich und ist überall vom Meer umgeben: Tyrrhenisches, Adriatisches, Jonisches, Mittelmeer … Von oben gesehen, hat es die Form eines Stiefels, auch wenn ich noch nicht genau verstanden habe, was dann Sizilien und Sardinien sein sollen.

In Italien gibt es sehr schöne Baudenkmäler und Hauptstraßen, und der Fischfang und das Gemüse sind sehr rege. In Italien gibt es oft Erdbeben, als 1980 in Neapel das Erdbeben kam, bin ich zum Glück drei Jahre später geboren.

## *Welche Gefühle erweckt in dir die Adoption eines Kindes? – 1*

Die Adoption eines Kindes erweckt in mir schönste riesige Gefühle, weil jeder von uns schon bei der Geburt Halbwaise werden kann (die Mutter hätte ja durch die übermäßige Anstrengung draufgehen können) und außerdem hätte es sein können, daß sich keiner um ihn gekümmert hätte, weil auch der Vater manchmal stirbt. Deshalb ist es eine Freude für alle, die keine Waisen geworden sind, wenn eine Waise adoptiert wird.

Trotzdem ist es aber besser, man bleibt Waise, als man wird schlecht adoptiert. Viele kinderlose Eltern adoptieren nämlich ein Negerlein nur so zum Spaß, um zu zeigen, daß ihnen die Rassen nichts ausmachen und auch um zu zeigen, daß sie christdemokratisch sind, aber zu Hause ist ihnen das dann Wurst und sie behandeln sie furchtbar schlecht.

Viele Junge kriegen im Camping von Terracina

Kinder und lassen sie dann auf den Schienen liegen oder tun sie in Müllbeutel. Marcellino* haben sie zuerst für eine Katze gehalten.

* Im Film »Marcellino pane e vino« (A. d. Ü.)

## *Welche Gefühle erweckt in dir die Adoption eines Kindes? – 2*
(Verstreute Gedanken)

Sie adoptieren immer die schönsten. Die häßlichsten lassen sie für die nächsten Paare.

Ich habe in Valtellina ein Kind kennengelernt. Das war völlig normal, keiner hätte gedacht, daß es adoptiert war.

Mein Vater hat gesagt: »Zuerst zahle ich die Möbel vollends ab und dann adoptiere ich jemand.«

Ich würde mich sehr freuen, wenn meine Eltern ein Kind adoptieren würden, weil ich mich allein zu allein fühle.

Nur um sie von diesen Himmelsbräuten zu erlösen, würde ich alle Kinder der Welt adoptieren.

Wenn du am wenigsten damit rechnest, sterben die Eltern, und du wirst von jemandem adoptiert.

Schon deshalb ist es unmöglich, daß wir unter einem Kohlkopf geboren sind, sonst wären wir doch alle Adoptivkinder von irgendjemand.

Wenn wir nicht schon eine Katze ins Haus genommen hätten, hätten wir sicher ein Kind adoptiert.

Das Paradies ist voller Mamas, die auf ihre Waisenkinder warten.

Ich weiß genau, daß ich nicht adoptiert worden bin, weil ich X-Beine habe wie mein Vater.

Ich hab mal meinen Vater gefragt, ob er ein Japanerchen adoptieren will, da hat mein Vater geantwortet: »Wenn jemand deine Mutter adoptieren würde, wäre das besser.«

Ich heiße mit Nachnamen Esposito. Die Espositos sind alle Adoptivkinder, das habe ich in einem alten Buch meines Vaters gelesen. Deshalb schäme ich mich aber überhaupt nicht, ich habe ja auch noch den Nachnamen meiner Mutter.

Gewisse illegale Eltern machen Mordsanstrengungen, um die verlassenen Kinder zu adoptieren und dann kommen die richtigen Eltern ganz munter daher und wollen sie zurück. Da würde ich, wenn ich die illegalen Eltern wäre, zu denen sagen: Haut bloß ab, sonst schlage ich euch beiden den Buckel voll.

*Liebe und Sex*
*in Kunst und Mythos*

*Eines der schönsten Liebesgedichte ist »Für Silvia« von Giacomo Leopardi. Versuche es zu interpretieren*

Giacomo Leopardi war ein großer kranker Dichter. Er wurde 1800 in Recanati geboren und starb mit nur 39 Jahren 1837 in Neapel. Die Luft war damals in Neapel besser als heute, aber nicht genug, um den Cholera-Tod zu verhindern. Und tatsächlich starb Leopardi an Cholera.

Die Eltern Leopardis waren sehr tyrannisch mit ihm, vor allem die Mutter, die ihn nicht wie eine wirkliche Mutter pflegte, sondern eine Art Aschenputtel aus ihm machte. Der Vater hingegen war nicht sehr böse, nur wurstig.

Giacomo Leopardi schrieb wunderschöne Gedichte, die er »Canti« nannte und die man in den italienischen Schulen noch heute lernt.

»Für Silvia« handelt vom Tod Silvias, die gegenüber von Leopardi wohnte und die er jeden Tag vorübergehen sah. Aber urplötzlich wurde sie krank und starb innerhalb von zwei oder drei Tagen. Vielleicht zog der Trauerzug vor dem Fenster Giacomo Leopardis vorbei und er sah hinaus. Da hat ihr Leopardi, der sie mehr denn je liebte, gleich ein Gedicht gewidmet, dessen schönster Teil der ist, wo er gegen die Natur wettert, die genau so ist wie seine Mutter, nämlich stiefmütterlich.

Obwohl er ein bißchen bucklig war, hätte ich Giacomo Leopardi geheiratet, dann hätte er mir wunderschöne Gedichte gewidmet.

*Wir haben im Unterricht die ergreifende Geschichte von Romeo und Julia gelesen und vorgetragen. Fasse sie kurz zusammen*

Romeo und Julia ist eine sehr traurige Geschichte, die in einer sehr traurigen Stadt geschehen ist: in Verona.

Zwei Familien aus dem sechzehnten Jahrhundert haßten sich tödlich, wenn sie nur den Namen hörten: die Montecchi und die Capulecchi. Wenn ein Montecchio durch eine Gasse des sechzehnten Jahrhunderts kam und auf der anderen Seite nicht mal mit Absicht ein Capulecchio vorbeikam und sie sich auf halbem Weg begegneten, war das mindeste, was sie tun konnten, daß sie sich gegenseitig duellierten.

Romeo gehörte zur Familie der Montecchi und war der einzige aus dieser Familie, der noch irgendwie okay war. Wenn ihm zum Beispiel auf einem Abkürzweg ein Capulecchio entgegenkam, dann hat er ihm nicht gleich den Dolch ins Herz gestoßen, sondern ihn nur schief angeguckt.

Julia gehörte zur Familie Capulecchi, aber sie hatte überhaupt nichts im Sinn mit den Montecchi und den Capulecchi: sie wollte sich einfach nur verloben.

Eines Tages lernte sie auf ihrem Geburtstagsfest Romeo kennen, und obwohl der eine Maske wie Pulcinella aufgehabt hat, verliebte sie sich in ihn. Auch Romeo verliebte sich in Julia, obwohl ohne Maske.

Am nächsten Tag (diese Rolle wollte ich vorlesen) trafen sie sich unter ihrem Balkon und verlobten sich von unten. Aber Julia hatte Pech, weil sie schon einen anderen heiraten mußte, doch da keiner von beiden darauf verzichten wollte, trank Julia einen täuschenden Zaubertrank, und ihre ganze Familie hielt sie für tot.

Am nächsten Tag begruben sie sie in einem Grab, aber nicht in einem Erdgrab, in einem offenen Marmorgrab.

Als Romeo von Vercelli zurückkehrte, warnte ihn keiner, daß Julias Tod nur eine Vortäuschung war, er glaubte es wirklich und tötete sich. Als bei Julia die Wirkung des Zaubertranks aufhörte, erwachte sie und sah Romeo am Boden liegen. Aus

Kummer über diesen Tod tötete auch sie sich, aber diesmal richtig.

Daraufhin schlossen die beiden Familien Frieden, aber es war zu spät.

## *Erzähle mit eigenen Worten die Sage von Orpheus und Eurydike*

Orpheus und Eurydike hätten nie gedacht, daß sie mal so berühmt werden. Sie lebten in Griechenland sorglos vor sich hin. Orpheus war ein erstklassiger Musikant, er spielte Flöten, und er spielte sie so gut, daß ihm Menschen und Tiere hinterherliefen, die wilden Flüsse beruhigten sich, die verschrumpelten Pflanzen richteten sich wieder auf, die Mäuse begleiteten ihn.

Orpheus hatte eine mythologische Gemahlin, die Eurydike, von ihrer Natur her eine Nymphe. Sie liebten sich wahnsinnig und hätten sich für nichts auf der Welt verlassen, sie waren wie Siamesen.

Eines Tages aber wurde Eurydike als sie im Garten spazierenging von einer großen giftigen Schlange in den Fuß gebissen und Eurydike starb. Und da es nun zu jener Zeit noch kein Fegefeuer und kein Paradies gab, kam sie vorerst mal in die

Hölle. Wie Orpheus das hört, verzweifelt er, fängt wie ein Verrückter zu flöten an und geht in die Hölle hinunter, um zu sehen, ob er die Teufel mit seinem Spiel rumkriegen kann. Als erstes begegnet er dem Charon, der will ihn aber nicht durchlassen, weil er zu lebendig ist. Da flötet ihm Orpheus was Todtrauriges vor und Charon sagt: »Geh nur.«

Jeder Teufel, dem er begegnet, will ihn aufhalten, aber er spielt so weinerlich, daß keiner widerstehen kann und so macht er es mit einem nach dem anderen. Am Schluß kommt er zum allergewaltigsten, Satan persönlich, der sehr schwer zu schmelzen war. Also komponiert ihm Orpheus die unglücklichste seiner Sinfonien und Satan läßt sich schließlich bewegen: »Orpheus«, spricht er, »du hast mich rumgekriegt. Ich gebe dir deine Gemahlin zurück. Aber vergiß nicht, daß du dich nie umdrehen darfst, du darfst es nicht wie Lots Tochter machen, sonst ist alles aus.«

Dann führen sie Orpheus eine taufrische Eurydike vor, als hätte sie nie was durchgemacht, und er wollte sie so gern streicheln und küssen, aber sie sagte, daß davon keine Rede sein kann, bevor sie aus dem Loch draußen sind. Orpheus reißt sich zusammen, er rührt sie nicht mal an: vielleicht flötet er ein bißchen, um sich zu beruhigen.

Auf der Rückreise ging er voraus, und deshalb war Eurydike besser dran, weil sie Orpheus sehen konnte, wenn auch nur von hinten, aber er konnte nicht das kleinste Stückchen von Eurydike sehen. Am Schluß, wie sie fast schon in Jerusalem rauskommen, hat es Orpheus einfach nicht mehr ausgehalten und sich umgedreht. Im gleichen Augenblick stieß Eurydike einen Allmachtsschrei aus und wurde wieder von der Hölle verschluckt.

Orpheus war vielleicht sauer! Er rannte in die Hölle zurück und flötete den Teufeln nochmal was vor. Aber das war jetzt schon eine alte Nummer und keiner hörte mehr auf ihn.

*Welche Episode aus dem Buch Cuore* hat dich am tiefsten beeindruckt?*

Von allen Episoden aus dem Buch *Cuore* hat »Sangue romagnolo« mein größtes Mitleid erregt. Ich weiß nicht, wie De Amicis eine Geschichte hat schreiben können, die so schlimm endet. Der hat vielleicht Nerven gehabt...

Diese Geschichte ist ebenso wahr wie aktuell. Weil auch heute die Häuser der Leute viel und oft ausgeraubt werden. Die gehen da rein, egal ob die Familie zu Hause ist oder nicht und notfalls wird eben umgebracht, wer gerade da ist.

In dieser Geschichte geht es um einen kleinen Jungen, Ferruccio, und um eine Großmutter, die Großmutter. Ferruccio verbrachte seine Abende in der Bar, im Kino oder beim Steinchenspiel mit seinen Freunden und kam immer spät heim. Seine Eltern waren sehr krank und deshalb nie da. Nur die

* Amicis, Edmondo de (1846–1908). *Il cuore* (1886, d. 1889) ist eine Studie des Volkslebens. (A. d. Ü.)

lahme Großmutter war noch im Haus. Sie saß auf einem Rollstuhl und wartete auf Ferruccio, der spät heimkam.

Eines Abends kam Ferruccio noch später heim als normal und sie dachte, daß seine bösen Kameraden ihn verprügelt und ihm den Schädel eingeschlagen hätten.

Endlich kam Ferruccio rein und war ganz übel zugerichtet. Die Großmutter schimpfte ihn aus und sagte, du wirst noch wie Mozzoni enden. Mozzoni war ein berühmter Räuber in der Emilia Romagna. Gerade in diesem Augenblick kamen die Räuber durch einen Donner herein. Einer fesselte die Großmutter und ein anderer nahm Ferruccio zwischen die Knie und prügelte auf ihn ein. Sie suchten die Beute im unteren Schrank. Als sie das Geld genommen hatten und fliehen wollten, rutschte einem der Strumpf vom Gesicht und die Großmutter erkannte ihn und schrie: »Mozzoni, das habe ich mir gedacht, daß du das warst!«

Darauf mußte die Großmutter sterben, sonst hätte sie ja alles der Polizei verpfiffen. Mozzoni stürzte sich mit dem Dolch auf sie, aber genau in dem Moment fiel der Strom aus und man konnte nichts mehr sehen. Mutig warf sich Ferruccio vor seine Großmutter und so traf der Hieb ihn. Während Mozzoni floh, kapierte die Großmutter nicht so richtig, was passiert war. Ferruccio kauerte zu ihren Füßen und bat um Verzeihung, weil er so oft spät nach Hause gekommen war. Da merkte die Großmutter, daß irgendwas nicht stimmte und erkannte zu spät, daß Ferruccio ihr das Leben gerettet hatte.

*Hast du, vielleicht in einem Museum, schon einen männlichen oder weiblichen Akt gesehen? Was war dein Eindruck dabei? – 1*

Ich habe in meinem Leben schon ziemlich viele Akte auf einem Bild, auf einem Foto oder in einem Museum gesehen. Ich erinnere mich, daß ich mit acht Jahren in das antike Pompeji gegangen bin und dort ist zwei oder dreihundert Meter nach dem Abreißen der Eintrittskarte ein zertrümmertes Haus, wo ich auf einer zertrümmerten Wand ein Gemälde mit einem Akt gesehen habe. Dieser Akt hat mich sehr beeindruckt, weil ich seine Bedeutung ziemlich genau verstanden habe, obwohl ich noch klein war: auf einem Bett voller römischer Leintücher waren ein Mann und eine Frau, die sich gegenseitig vergewaltigten, aber die Frau unterlag. Bei einem Ausflug nach Caserta habe ich im Schloß einen riesigen Herkules gesehen, der einen riesigen Stock in der Hand hatte und ganz nackt war: sein Pimmel war ganz schlaff von den Heldentaten.

In Neapel gibt es einen Buchhändler, der alle Nacktfotos von den Frauen aus der Zeit meines Großvaters verkauft. Die Leute tun so, wie wenn sie Bücher kaufen wollen, gehen rein und sehen sie an. Es sind von Kopf bis Fuß nackte Frauen, alle fett, mit einem riesigen Hintern hintendran. Eine hat sogar eine brennende Pfeife im Mund.

Mein Eindruck von all den Akten ist nur negativ: wer die Nacktfotos macht, kommt in die Hölle, wer sie bei sich zu Hause hat, kommt auch in die Hölle, wenn auch ein bißchen weiter oben. Man dürfte sie höchstens in einer Schublade verschlossen aufbewahren und sie ab und zu betrachten, aber ohne zu übertreiben.

*Hast du, vielleicht in einem Museum, schon einen männlichen oder weiblichen Akt gesehen? Was war dein Eindruck dabei? – 2*

Ich habe im Museum eine nackte Statue gesehen: die hielt den Kopf gesenkt, so sehr hat sie sich geschämt.

*Hast du, vielleicht in einem Museum, schon einen männlichen oder weiblichen Akt gesehen? Was war dein Eindruck dabei? – 3*

Im Haus meines Onkels gibt es ein Gemälde mit einem nackten römischen Krieger. Neben dem Krieger steht ein Pferd, das ist auch ganz nackt.

*Liebe und Sex in der Religion*

*Wir Christen haben die Pflicht,*
*die Tiere zu lieben…*

Ein Christ, also ein wahrer Christ, sollte sich als erstes keine Tiere kochen. Auf den Kassetten der »Biblischen Geschichten« kann man manchmal sehen, daß die antiken Völker, wenn sie Gott ein Geschenk machen wollten, zuerst einmal ein Lämmchen töteten. Und das finde ich furchtbar ungerecht, es ist eine Art tierischer Kannibalismus, und es wundert mich, daß Gott an so etwas hat denken können. Darin hat mich Gott wirklich enttäuscht. Das zweite merkwürdige ist die Arche Noah. Ich möchte nämlich wirklich wissen, wie Noah die guten von den bösen Tieren hat unterscheiden können. Meiner Meinung nach hat er sie einfach so nach Zufall reingelassen, wie sie gerade kamen. Wer weiß, wieviele unschuldige Tiere bei der Sintflut untergegangen sind.

Im Tele+3 sehe ich oft Dokumentarfilme, in denen der Gepard den Strauß zerfleischt und der

Löwe das Zebra zerfleischt und dann denke ich, daß Gott so etwas nicht hätte erlauben dürfen.

Franz von Assisi dagegen liebte die Tiere: die Vögelchen, Turteltauben, Kätzchen, Hirsche. Wenn Franz von Assisi Gott gewesen wäre, hätte der Löwe das Zebra nicht gefressen, sie wären alle Pflanzenfresser geworden.

Ich achte die Tiere, weil ich glaube, daß ich in Untergattung auch als eines von ihnen hätte geboren werden können und ich streichle sie immer. Zu Hause habe ich ein Kätzchen, das Felix heißt und eine kleine Schildkröte, die man nie findet. Aber viele Freunde von mir quälen die Tiere: Peppe Bonaiuto hängt die Eidechsen auf und sticht den Vögelchen die Augen aus: er macht das alles, weil sein Vater arbeitslos ist.

Ich liebe alle Tiere der Welt, aber im Sommer schlafe ich mit einem Fliegenfenster.

## *Jesus Christus sprach: »Du sollst deinen Nächsten lieben wie dich selbst« – 1*

Du sollst deinen Nächsten lieben wie dich selbst ist das wichtigste Gebot der Bibel, obwohl es genau genommen nicht auf Moses' Tafeln steht. Ich habe erst vor kurzem Erstkommunion gehabt und erinnere mich, daß es im Katechismus nirgends steht, außer in den beiden Geboten über die Nächstenliebe.

Seinen Nächsten wie sich selbst zu lieben ist völlig richtig, denn wenn wir ihn nicht lieben, wird uns Gott am Tag des Jüngsten Gerichts auch nicht lieben. Dann wird er sagen: »Ihr habt nicht geliebt? Gut, dann seht jetzt, wie ihr zurecht kommt!«

Gott hat gesagt, wir sollen uns gegenseitig lieben wie uns selbst, nicht mehr und nicht weniger. Wenn wir nämlich mehr lieben, gut, dann sind wir wirklich Heilige, und das ist nicht normal, wenn wir weniger lieben, kommt es darauf an, wieviel weniger. Wenn es ein normales Weniger ist, wird uns Gott gewiß vergeben, aber wenn es ein übertriebenes Weniger ist, dann kommen wir direkt in die Hölle. Ich liebe normalerweise so mittel.

## *Jesus Christus sprach: »Du sollst deinen Nächsten lieben wie dich selbst« – 2*

Es gibt da vor der Kirchentreppe an der Piazza del Gesù einen festen Bettler, dem ich immer ein Almosen gebe. Obwohl ich sehr weit von da wohne, gehe ich ab und zu in diese Kirche, weil Moscati* ein großes Wunder an meiner Schwester getan hat (um was für ein Wunder es sich handelt, kann ich allerdings nicht sagen, weil es ein intimes Wunder ist), und mein Vater ist fromm und ich begleite ihn.

Vor der Kirche begegne ich immer diesem Bettler, wie er heißt, weiß ich nicht. Er ist sehr alt und ein bißchen blind, hat einen zerzausten weißen Bart am Kinn und ein Käppchen auf dem Kopf. An Kleidern trägt er eine zerfetzte Jacke und zu kurze ausgeleierte Hosen. Wenn ich sage, daß dieser Mann mein Bruder ist, dürft ihr nicht lachen, weil

* Giuseppe Moscati (1880–1927), berühmter neapolitanischer Arzt, der 1987 heiliggesprochen wurde.

wir alle von Adam und Eva abstammen und es mir Freude macht, ihm ein Almosen zu geben. Er streckt nie die Hand aus, sondern hat auf dem Boden ein Schüsselchen stehen, in das man die Münzen werfen soll, und wenn es in der Zwischenzeit regnet, füllt sich das Schüsselchen mit Wasser und dann kommen die Tauben und trinken daraus.

Wenn ich an ihm vorbeigehe, kann ich gar nicht anders als ihn gern mögen, aber wenn die Messe aus ist und die Leute rauskommen, sehe ich nur zwei oder drei Personen, die ihm was geben. Alle die andern greifen nie mit der Hand in die Tasche, geradeso als hätten sie gelähmte Finger. Und das ist eine sehr große Sünde, denn wozu hören sie in der Kirche die Messe, wenn sie dann beim Rauskommen nie den alten Leutchen helfen?

## *Äußere dich zu dem Satz Jesu: »Liebet eure Feinde, betet für die, die euch verfolgen«*

Jesus hat sich seine Worte genau überlegt, der war kein Aufschneider. Wenn er ein Beispiel gab, war er der erste, der es in die Praxis umgesetzt hat, der war nicht so einer, der das Gute gepredigt hat und es dann getrieben hat wie die Götter Griechenlands und die Mumien Ägyptens. Er war der erste, der seine Feinde liebte: den Barabbas hat er befreien lassen, beim Judas hat er bis zum Schluß getan, wie wenn er nichts merkt, auch wenn er ihn nachher hat aufhängen lassen, dem römischen Soldaten hat er den Sohn geheilt, dem guten Räuber hat er am Kreuz verziehen. Und noch viele andere Verzeihungen, an die ich mich nicht mehr erinnere. Er sagte, daß wir es auch so machen sollen, er sagte, wir sollen einander lieben, auch wenn man ganz gegensätzlich ist. Denn was ist es schon besonderes, wenn sich zwei Verlobte lieben, oder Mütter und Väter oder Geschwister? Es ist *normal*, daß sich diese Exemplare gern haben. Schwierig ist es bei den Entgegengesetzten!

Ich frage mich aber doch, wie es möglich ist, einen Feind zu lieben. Ich weiß, daß man das sollte, aber es ist sehr schwierig, ja geradezu unmöglich. So müßte ich zum Beispiel Gino Melchiorre lieben, der mich bei der Aufführung absichtlich einen Fehler hat machen lassen, so daß ich von Schwester Agnese eine Ohrfeige gekriegt habe. Den Gino Melchiorre werde ich mein ganzes Leben lang hassen, ich werde nie vergessen, was der mir angetan hat! Auch den Edoardo Giliberti hasse ich: einmal habe ich aus Versehen mit dem Billardstock seine Hand getroffen und er hat mir eine Ohrfeige gegeben: er hat es ausgenützt, daß er größer ist als ich. Recht geschieht ihm, daß er jetzt arbeitslos ist.

Und doch müßte ich sie eigentlich lieben. Ich möchte es auch, aber ich schaffe es nicht. Aber wenn ich es immer weiter versuche, schaffe ich es eines fernen Tages vielleicht doch noch.

*Jesus Christus tat sein erstes Wunder bei der Hochzeit von Kanaan. Äußere dich zum Sakrament der Ehe*

Jeden Tag, wenn man das Fernsehen anmacht, nerven sie einen mit Charles und Diana, die gestritten haben: bald kommen sie auch noch ins Schulbuch! Wenn Charles und Diana zum Hochzeitsmahl von Kanaan eingeladen hätten, hätte Jesus bestimmt kein Wunder getan, sondern wäre aufgestanden und weggegangen oder aber er hätte sie für immer verstummen lassen.

Nach jeder gelungenen Hochzeit gibt es einen Empfang. Mein Schwager Cosimo hat ihn im King House von Casagiove gemacht, dort gab es Kellner, die sind stramm wie die Marsmenschen rummarschiert, einer, der den Mund aufgemacht hat, hatte einen Goldzahn: wieviele wird dann erst der Besitzer haben!

Die Ehe ist ein schönes Gebot, es kommt gleich nach Taufe und Kommunion, nur daß die obligatorisch sind, während die Ehe freigestellt ist.

Ich werde ganz bestimmt heiraten und meine Feier im Restaurant »I 4 Caini« in Fontana Blu machen, wo man den ganzen Abend tanzt und singt. Dann würde ich in Margellina essen gehen, in der Via Petrarca die Fotos machen lassen und in einem Hotel schlafen gehen, von dem aus man das Loch im Vesuv von oben sieht. Am nächsten Morgen wache ich auf und reise nach Kalifornien ab, wo glaube ich mein Onkel ist. Bei der Rückkehr aus Kalifornien setze ich mich mit meiner Frau an den Tisch und packe langsam die Ehe an.

*Der Koran lehrt: »Wenn ihr fürchtet, die Waisen nicht gerecht zu behandeln, heiratet ruhig zwei, drei oder auch vier Frauen, in die ihr verliebt seid...«*

Nur weil sie das ganze Erdöl haben, glauben diese Araber, sie sind was ganz besonderes und können sich alles leisten, was sie wollen, sogar tausend Frauen heiraten. Ja, was bilden sich diese Araber denn ein? Ihre Schrift kommt mir vor wie lauter verzauberte Schlangen, ihre Städte sind die reinsten Wüsten, Saddam Hussein hat den Amerikanern heimlich alles Phosphor verkauft, und als dann die Italiener hin kamen, haben sie für sich nichts mehr gefunden. Das einzig Gute, was die Araber gemacht haben, aber das ist auch schon eine Unmenge Jahrhunderte her, ist, daß sie die Zahlen entdeckt haben, ansonsten kann man sie wirklich vergessen.

Der Koran ist die Bibel der Araber, er wurde von Mohammed in arabischem Stil geschrieben und erzählt das Leben Mohammeds. Ich habe noch nie einen echten Koran gesehen, und ich will ihn auch gar nicht sehen, weil das Sünde ist, genauso wie wenn man in Kirchen geht, die nicht christlich sind. Das bißchen, was ich aus dem Koran weiß, reicht mir wirklich, um die Araber unsympathisch zu finden.

So steht ja auch in unserem Schulbuch vom letzten Jahr, daß sie ein Stamm sind, der in den Oasen lebt und die Karawanen der Großhändler überfällt, die da vorbeiziehen. Außerdem beten sie Mekka an, einen schwarzen Stein, der aus dem Weltraum heruntergefallen ist. Ich glaube, daß dieser schwarze Stein von den Unmengen Erdöl, die sie da haben, noch schwärzer geworden ist.

Der Koran lehrt, daß man so viele Christen wie möglich töten, sich an den Frauen rächen und sie in Ehefrauen verwandeln und an allen Beerdigungen teilnehmen soll. Mit der Ausrede, daß sie nicht die Frauen von anderen begehren wollen, knallen sich die Araber mit Ehefrauen voll und sagen, daß sie das wegen den Waisenkindern machen. Aber die arabischen Waisenkinder sind ja nicht blöd. Die kapieren genau, daß das nur eine Ausrede vom Papa ist, damit er soviele Frauen wie möglich kriegen kann.

Als Gott den Adam schuf, gab er ihm nur eine einzige Frau: Eva. Hätte er wie die Araber gedacht, hätte er zwei, drei, vier Evas schaffen müssen. Aber er hat eben nur eine einzige geschaffen, damit wir verstehen, was er in dieser Frage meint. Und als er auf die Hochzeit von Kanaan ging, schimpfte er den Bräutigam nicht aus, weil der nur eine Frau geheiratet hatte, sondern machte im Gegenteil zu seiner Belohnung vor seinen Augen ein schönes Wunder. Wenn Jesus auf eine arabische Hochzeit von Kanaan gegangen wäre und da alle diese Ehefrauen hätte am Tisch sitzen sehen, dann hätte er aus Trotz das umgekehrte Wunder getan: er hätte den Wein in Wasser verwandelt!

## *In den protestantischen Ländern darf ein Priester heiraten und heißt »Pastor«. Findest du das richtig? – 1*

Einen Priester, der heiratet, kann ich mir beim besten Willen nicht vorstellen, selbst wenn sein Land ihm dies erlaubt, selbst wenn er die besten Absichten hat. Wenigstens in diesem Punkt ist Italien einmal nicht so blöd wie die andern. Schließlich war Jesus ja auch nicht verheiratet, und von seinen Jüngern hat keiner, auch wenn der eine oder andere wie Petrus verheiratet war, seine Familie mitgenommen, also waren sie praktisch wie Junggesellen. Auch der Papst ist Junggeselle und die meisten Heiligen ebenfalls. In gewissem Sinn ist auch die Madonna Junggesellin, denn Josef war nur nach außen hin ihr Ehemann.

Und wenn nun also alle diese Helden nicht verheiratet waren, dann muß das doch einen guten Grund haben, nämlich daß Gott uns sagen wollte, daß die Priester nicht heiraten sollen, weil sie keine Zeit mit Ehefrauen zu verlieren haben.

Wenn ein Priester Priester wird, dann deshalb, weil er immer mit Gott sein will, beten, Glocken läuten, taufen, Beichte abnehmen, Messe lesen. Wie kann er das alles machen, wenn er heiratet? Dann muß er fürs Essen sorgen, die Miete, Wasser, Strom, Telefon usw. zahlen. Und wenn Kinder kommen, ist es noch schlimmer. Wo soll er dann bei all dem die Zeit finden, um die Messe zu lesen? Soll das dann vielleicht der Mesner machen? Und wenn seine Frau beichten will, wem sagt sie dann ihre Sünden, vielleicht ihm? Auch wenn sie beichten muß, daß sie ihn mit einem anderen Priester betrügt?

Deshalb finde ich es total daneben, wenn ein Priester heiratet.

Ich möchte auch auf keinen Fall der Sohn eines Pastors sein, weil sie mich sonst in der Schule bestimmt »Schaf« nennen würden.

## *In den protestantischen Ländern darf ein Priester heiraten und heißt »Pastor«. Findest du das richtig? – 2*

Neeein! Dies ist wirklich eine tödliche Sünde, weil Gott auf dem Sinai klar und deutlich gesagt hat: »In England dürfen die Priester nicht heiraten!«

## *Jesus Christus hat alle streng verurteilt, die Skandal erregen. Was wäre für dich ein Skandal? – 1*

Ich finde es einen Skandal, schmutzige Dinge im Fernsehen, in den Zeitungen oder im Kino zu machen, aber auch heimlich zu Hause, daß keiner es sieht. Zum Beispiel wohnt neben einer Person, die ich kenne, ein Ingenieur (der nie seine Miete zahlt), und eines schönen Tages ruft dieser Ingenieur ein kleines Mädchen, damit es mit seinem Sohn spielt, und dann macht er unter dem Vorwand, daß er selber mitspielt, hinter dem Rücken seiner Frau Schweinereien und sagt, daß er das Doktorspiel macht. Dies ist ein privater Skandal, aber es war nur ein Beispiel, nicht daß es meiner Kusine Adele passiert wäre.

Dann gibt es auch den allgemeinen Skandal, den vom Fernsehen. Fabrizio Frizzi ist mir nicht unsympathisch, auch wenn er gewaltig lispelt, ja, er ist mir sogar ein bißchen sympathisch, aber diese Milly Carlucci, die die Sendung mit ihm macht, die ist wirklich ein Skandal mit ihren bis zum Bauch ausgeschnittenen Kleidern. Ganz zu schweigen von der anderen da mit ihrem kleinen gelben Kopf. Die ist ja wirklich eine Atombombe von einem Skandal! Laura Antonella ist vor lauter schmutzigen Filmen, die sie gemacht hat, ein richtiges Monstrum geworden. Auch Cristina d'Avena würde gern Skandal-Programme machen, sie macht sie nur nicht, weil die RAI kapiert hat, daß sie zu blöd dazu ist.

Pierino macht nur schmutzige Filme und Leo Gullotta zieht sich immer als Frau an. Zum Glück habe ich immer den Computer an und gucke nie Fernsehen.

Ein weiterer allgemeiner Skandal sind die Zeitungen. In der Via Metina gibt es einen Kiosk, da kannst du dich nicht mal in die Nähe trauen, soviele Schweinereien sind da ausgestellt. Alles nackte oder vielmehr splitternackte Weiber. Auch Männer. Mit allem, wirklich allem draußen. Und auch noch übertrieben groß, nicht wie bei normalen Leuten.

Dieser Zeitungsverkäufer tut mir leid, weil er wenn er stirbt in die Hölle kommt, vor allem aber weil er, glaube ich, wenn er heimkommt und seine Frau sieht, schwer, also wirklich schwer enttäuscht sein muß.

*Jesus Christus hat alle streng verurteilt, die Skandal erregen. Was wäre für dich ein Skandal? – 2*

Ein Skandal ist für mich das unreine Rumhuren, das heißt allein oder in Begleitung öffentlich Schweinereien zu machen. Und gleich danach kommen die schmutzigen Filme im Fernsehen, von denen es wahnsinnig viele gibt. Am besten erinnere ich mich noch an: Colpo grosso, Striscia la notizia, Benny Hill und Paperissima. Weitere Skandalfilme sind die von Pierino und von Pippo Franco.

Da macht ein Kind den Fernseher an, um zu sehen, ob ein lustiger Film oder ein Trickfilm kommt und dann zeigen sie ihm plötzlich Schweinereien. Daran ist ganz allein der Canale 5 schuld, aber auch Napoli TV ist nicht von Pappe.

Einer, den ich auch hasse, obwohl er nicht skandalös ist, ist Giuliano Ferrara, dieser Fettwanst: wie der Dick aus Dick und Doof! Dann ist da noch die Buttiglione, die wiehert wie ein Roß, die Bonaccorti, die sich Kamille auf den Kopf tut und noch eine Menge anderer Schauerweiber, die aussehen wie gerupfte Karnickel. Am allermeisten geht mir aber der Everardo Delle Noci auf den Sack, der uns jeden Tag mit diesem Dollar belämmert, wie er an der Börse rauf und runter geht. Dem würde ich am liebsten sagen: »Du Arsch! Was sollen wir Neapolitaner mit diesem Dollar, der rauf und runter geht, wo wir noch nicht mal Augen zum weinen haben!«

*Das neunte Gebot heißt:*
*»Du sollst nicht begehren das Weib deines Nächsten.«*
*Was denkst du darüber?*

Fast alle zehn Gebote, die Moses auf dem Berge Sinail erlitt, fangen mit »Du sollst« an, nur eines oder zwei fangen mit anderen Wörtern an, »sei darauf bedacht« (Sabbat) und »Ehre« (Vater und Mutter). Ich glaube, daß diese beiden Gebote nicht gerade freigestellt, aber doch weniger wichtig als die anderen sind, denn sonst würden sie doch auch mit »Du sollst« anfangen!

Das neunte Gebot befiehlt, nicht die Frau von anderen zu begehren, das heißt nicht in Gedanken Ehebruch zu begehen. Und tatsächlich ist es ja so, daß, wenn man die Zahl 9 umdreht, eine 6 daraus wird, und das sechste Gebot heißt ja »du sollst nicht ehebrechen«.

Das Weib seines Nächsten nicht zu begehren heißt genauso auch, nicht den Mann von anderen zu begehren. Wenn ein Mann die Frau eines anderen oder eine Frau den Mann einer anderen will, begehen sie nur die Sünde Nummer 9, und wenn sie sterben, kann ihnen der Herr bei einem bißchen guten Willen verzeihen und sie ins Fegefeuer schicken; aber wenn ein Mann den Mann von andern oder eine Frau die Frau von andern begehrt, also dann *übertreiben* sie und kommen, wenn sie sterben direkt in die Hölle zu all den Homos aus Sodom und Gomorrha.

Heute ist es sehr leicht, die Frau von anderen zu begehren, man braucht nur den Fernseher anzumachen oder auf die Straße zu gehen. Die Frau von anderen begeht keine Sünde, wenn sie es nicht weiß, daß sie vom Mann von anderen begehrt wird, aber wenn die Frau von anderen den Mann von anderen begehrt, dann begeht sie praktisch die Sünde Nummer 18, weil 9 + 9 gleich 18 ist.

## *Was bedeutet: »Enthalte dich der Unzucht«? – 1*

Wie ich 1989 in der ersten Klasse war, hat die Lehrerin Scanatiello den Buchstaben O immer »cococco«* genannt und gesagt, daß »Unzucht treiben« bedeutet, sich kein falsch Bildnis zu machen. Wie ich dann größer geworden bin, habe ich die Wahrheit erfahren, und zwar gründlich. »Enthalte dich der Unzucht« heißt, keine Schweinereien machen, keine schmutzigen Filme sehen und dir nicht die Hände trocken in die Hose stecken und sie naß wieder rausziehen usw., usw.

Im *Mattino*, den mein Vater kauft, gibt es eine Geheimnummer, die eine Unzuchtnummer ist. Man zahlt zweitausend Lire pro drei oder vier Sekunden und dann kann man über Telefon oder Fax Unzüchte machen. Im *Mattino* stehen auch gewisse Nummern von Astrohandleserinnen, aber das ist Beschiß. Das sind gar keine Nummern von

* Ei

Astrohandleserinnen, sondern Nummern, wo sie dir sagen, wo du Unzucht machen kannst.

Ich weiß das alles, weil Guglielmo da hingeht: seine Frau weiß es auch, aber sie tut so wie wenn sie es nicht wüßte.

Auch das *Giornale di Napoli* bescheißt einen. Sonntag morgens stehen da immer »Sexy-Sonderangebote« drin, ein Nacktfoto von einer Frau zu jeder Tages- und Nachtzeit. Das Sexy-Sonderangebot ist schlimmer als der *Mattino*: Im *Mattino* kommen wenigstens Frauen, im *Giornale di Napoli* nur Tunten und Spanner. Das weiß ich deshalb, weil Guglielmo diese Nummer mal angerufen hat und ich dann einen Schwulen am Apparat hatte.

Ich bin jetzt zehn Jahre alt und habe noch keine Unzucht gemacht. Nur wie ich klein war, habe ich mal zufällig die Muschi von meiner Schwester gesehen, und das hat mir fürs erste gereicht. Wenn ich mal achtzehn oder neunzehn bin, entscheide ich, ob ich Unzucht treiben soll oder nicht.

## *Was bedeutet: »Enthalte dich der Unzucht«? – 2*

Ich weiß sehr viele Dinge über die unzüchtigen Handlungen, aber ich schäme mich, sie in der Grundschule zu sagen. Ich werde sie frühestens in der zweiten Mittelschulklasse sagen.

## *Jesus und die Ehebrecherin – 1*

Wie Jesus eines Tages mal auf dem Ölberg wandelte, kamen Pharisäer und Schriftgelehrte und schleppten eine Ehebrecherin an, die sie beim Ehebrechen erwischt hatten.

Sie wollten sie steinigen, weil Moses das im Alten Testament so befohlen hatte.

Als Christus diese Schufte vor sich stehen sah, las er sofort ihre Gedanken und dachte sich schlau: »Ich weiß, daß ihr mich in eine Falle locken wollt, ihr Pharisäer und Schriftgelehrte! Aber ihr haltet mich wohl für blöd, ich bin ja schließlich nicht von gestern!« Und schrieb ein geheimnisvolles Wort auf den Boden (vielleicht eine Beleidigung der Pharisäer und Schriftgelehrten) und sprach: »Wer von euch ohne Sünde ist, werfe den ersten Stein.«

Christus wußte nämlich genau, daß selbst wenn ein Pharisäer oder Schriftgelehrter darunter war, der nicht einmal die kleinste Sünde begangen hatte, er doch in dem Moment, wo er einen Stein warf, schlecht handelte und daher sündigte, deshalb konnte er ihn nicht werfen.

So zogen die Pharisäer und Schriftgelehrten den Schwanz ein und gingen und Christus blieb allein mit der Ehebrecherin. Und Christus sprach zu ihr: »Geh und sündige nicht weiter, ich verzeihe dir, geh und sündige nicht weiter.«

Ich habe in meinem Wörterbuch gesucht, aber »Ehebrecherin« nicht gefunden. Ich habe nur »Ehebrecher« gefunden, weiß aber nicht, ob das das gleiche ist.

## *Jesus und die Ehebrecherin – 2*

Da es oft vorkam, daß Jesus alles ganz anders machte, als Moses gesagt hatte, brachten die Pharisäer eines Tages eine Frau zu Jesus, die ihren Mann betrogen hatte, also eine Ehebrecherin. Sie wollten von ihm wissen, ob sie sie jetzt steinigen sollten, wie Moses gesagt hatte, oder ob sie sie laufenlassen sollten. Jesus, der immer allen verzeiht, vor allem den Kranken, sagte, daß sie sie laufenlassen sollten, denn wenn sie auch eine schwere Sünde begangen habe, gebe es doch keinen auf dieser Welt, der nicht mindestens eine läßliche Sünde begangen habe, und es sei nicht richtig, daß man sich immer gleich an anderen rächen wolle, die vielleicht eine viel läßlichere Sünde begangen haben, als man selber.

So befreiten die Pharisäer sie und ließen die Steine, die sie in der Hand hatten, auf den Boden fallen oder spielten, wer am weitesten werfen kann.

Ehebruch bedeutet, seinen ersten Ehemann betrügen, heimlich mit einem zweiten Ehemann leben und eine Zweitfamilie gründen.

Wahre Ehebruchsgeschichten kenne ich keine, aber ich habe viele im Fernsehen gesehen (zum Beispiel die Serien) oder ich habe es aus dem Mund von so ein paar berühmten Leuten gehört, die selber gesagt haben, daß sie Ehebrecher sind, zum Beispiel Maradona, Charles und Diana, Wuddi Ällen usw.

Ich glaube, daß der Aldo Biscardi auch ein wenig ehebricht, man braucht nur zu sehen, wie er diese Ansagerin anguckt.

*Im Matthäusevangelium steht:*
*»Die Zöllner und Dirnen kommen eher in das Reich Gottes als ihr.«*
*Weißt du, wer die Dirnen sind?*

Dirnen sind die Frauen, die gegen Bargeld rumhuren, und die wir auch Nutten nennen. Aber wenn das Evangelium das auch so sagt, ist Don Giacomo vom Oratorium nicht einverstanden, daß auch sie ins Reich Gottes kommen sollen. Es gibt wahnsinnig viele von ihnen und sie stehen überall rum. Früher waren die meisten im antiken Pompeji, aber dann brach der Vesuv aus und verkohlte alle. In Neapel stehen die Dirnen am Bahnhof, wo meine Oma wohnt, an der Domiziana, wo Patrizio Oliva wohnt und an der Pferderennbahn von Agnano. Und sie haben sogar ein Handy, damit sie zu Hause anrufen können, wenn es mal spät wird.

Ein ganzer Pulk von Huren steht in Varcaturo, an der Ausfahrt der Umgehungsstraße nach Lido Varca d'Oro. Wir haben am Lido Varca d'Oro für den ganzen Sommer unseren Strandplatz gemietet, und wenn wir dann abends zurückfahren, stehen da alle die Huren auf der Straße Richtung Neapel. Hunderte stehen da, alle schwarz, alle gleich, alle versext. Wenn du da mit dem offenen Autofenster vorbeifährst und sie dich sehen, blinzeln sie mit den Augen, lecken sich den Schnurrbart und machen Autostop, auch wenn alles voll ist. Diese Negerinnen sind so häßlich, fast wie Godzilla. Eine ähnelt dem Moggi.*

Mein Vater hat gesagt, wenn einer von uns mit diesen Frauen geht, kriegt er Aids oder noch schlimmer Immunschwäche. Mir machen diese Negerinnen eigentlich keine Angst, aber ich würde sie nie heiraten, damit ich nicht auch noch den ganzen Rest der afrikanischen Familie kennenlernen muß.

* Bekannter Fußballmanager

## *Die Madonna wird auch Heilige Jungfrau genannt. Weißt du, was dieser Ausdruck bedeutet? – 1*

An der Piazza del Gesù steht gegenüber der Säule, auf die am 15. August die Feuerwehrleute steigen, um sie zum Fest der Madonna mit Blumen zu schmücken, ein Kloster von jungfräulichen Nonnen, das Kloster der dreiunddreißig heißt, weil eben dreiunddreißig Nonnen da drin wohnen. Und alle dreiunddreißig sind Jungfrauen, vor allem die Oberin, die die älteste von allen ist.

Wenn du in dieses Kloster kommst und gerade nur ein ganz kleines bißchen schwanger bist, schauen dich diese Nonnen gleich ganz schief an, als hättest du Wunder was verbrochen. Und das ist nicht richtig, weil man ja auch schwanger werden kann, ohne daß man wer weiß was getan hat! Und sogar wenn du dich sofort bekreuzigst und eine kleine Medaille oder ein Rosenkränzlein von den Dreiunddreißig kaufst, ziehen sie weiter ein schiefes Gesicht.

Diese Nonnen möchten, daß alle Frauen Neapels Jungfrauen bleiben, nur weil sie selber Jungfrauen sind. Aber wenn ihre Mütter auch Jungfrauen geblieben wären, könnten sie heute ja nicht damit angeben, daß sie so jungfräulich sind!

Ich bin einmal aus Versehen in dieses Kloster reingegangen, aber zum Glück bin ich wieder heil herausgekommen.

## *Die Madonna wird auch Heilige Jungfrau genannt. Weißt du, was dieser Ausdruck bedeutet? – 2* (Verstreute Gedanken)

Jungfrau bedeutet ohne Todsünde sein.

Jungfrau bedeutet, daß eine gleich rot im Gesicht wird.

Jungfrauen sind alle Frauen bevor sie sich verloben.

Vergini (Jungfrauen) heißt ein Stadtteil von Neapel. Vielleicht kommen sie von da.

Jungfrauen sind die italienischen Nonnen. Ob auch die andern, weiß ich nicht.

Jungfrau bedeutet, wie die Madonna im Sternzeichen der Jungfrau geboren zu sein.

Jungfrauen sind nur die Frauen.

Die Jungfrauen sind auch Märtyrerinnen.

Jungfrau heißt, mit Jesus schwanger gehen.

Jungfrau heißt, an der Stelle da unversehrt zu sein.

Die Frauen werden als Jungfrauen geboren und sterben als Mütter.

# *Inhalt*

*Liebe und Sex in Kunst und Mythos*



*Liebe und Sex in der Religion*

# *Aufsätze und Briefe italienischer Kinder im Diogenes Verlag*

»Das sind Texte, die vordergründig meist zum Lachen reizen, dann aber nachdenklich machen und unter die Haut gehen. Abgesehen von ein paar italienischen Besonderheiten sind es auch die Probleme und Ansichten unserer Kinder, die in den Briefen stehen, unverhüllt, ungeschminkt und nüchtern. Wer Kinder mag und mehr über sie wissen will, findet in diesen Texten mehr Wahrheiten, als ihm vielleicht lieb ist.«
*Deutschlandfunk, Köln*

*In Afrika ist immer August*
Sechzig Schulaufsätze neapolitanischer Kinder
Herausgegeben von Marcello D'Orta
Mit einem Nachwort von Luciano De Crescenzo
Aus dem Italienischen von Linde Birk

*Gott hat uns alle gratis erschaffen*
Neue Schulaufsätze neapolitanischer Kinder
Herausgegeben von Marcello D'Orta
Deutsch von Linde Birk

*Wie die Kinder zur Welt kommen*
Neue Schulaufsätze neapolitanischer Kinder über Liebe und Sex. Herausgegeben von Marcello D'Orta
Deutsch von Linde Birk
(vormals: *Stiefmütter kriegen keine Kinder*)

*Lieber Weihnachtsmann, bitte nicht wie letztes Jahr!*
Hundert Briefe italienischer Kinder
Zusammengestellt von Frederica Lamberti Zanardi und Brunella Schisa. Deutsch von Linde Birk

*Weihnachtsmann, mach du das mal*
Neue Briefe italienischer Kinder
Zusammengestellt von Frederica Lamberti Zanardi und Brunella Schisa. Deutsch von Linde Birk

## *In Afrika ist immer August*

Sechzig Schulaufsätze neapolitanischer Kinder
Herausgegeben von Marcello D'Orta
Mit einem Nachwort von Luciano De Crescenzo
Aus dem Italienischen von Linde Birk

»Marcello D'Orta tat, was Luther, Goldoni, Nestroy oder Eduardo De Filippo taten: den Leuten aufs Maul schauen. Auf den ersten Blick scheint die Sammlung nach einem bekannten Muster verfertigt, ein Strauß von Stilblüten. Aber sie enthält mehr. Inhalt und Art der Entstehung zeichnen ein manchmal witziges, oft unfreiwillig komisches, immer trostloses Bild des Mezzogiorno, des italienischen Südens, seiner Lebensumstände, seiner Mentalität, seiner Probleme.«
*Dietmar Polaczek/FAZ*

»*In Afrika ist immer August* schlägt so stark ein, weil hier die Unschuldigen so unverblümt schreiben, wie es durch ihre Köpfe geht. Das Buch ist eine einzige Anklage, die man mit Tränen in den Augen liest – Tränen eines Lachens, das im Halse steckenbleibt.«
*Michael Kadereit/Die Weltwoche, Zürich*

»Dieses Buch ist kein normaler Bestseller, es ist ein Phänomen, ein Wunder.« *La Repubblica, Rom*

»Ein Buch, das man gleichzeitig lachend und weinend liest, weil hier Kinder mit unverbrauchter Begrifflichkeit und Komik den Erwachsenen ihre Welt erklären.«
*Stern, Hamburg*

*Luciano De Crescenzo*
*im Diogenes Verlag*

## *Geschichte der griechischen Philosophie*

*Band 1: Die Vorsokratiker*

*Band 2: Von Sokrates bis Plotin*

[Auch als Sonderausgabe in einem Band lieferbar]
Aus dem Italienischen von Linde Birk

Diese Bücher beweisen, daß nicht die Philosophie langweilig ist, sondern höchstens die, die darüber schreiben.

»Philosophen wie du und ich – ein italienischer Ex-Manager hat die ›Geschichte der griechischen Philosophie‹ so unterhaltsam aufbereitet, daß sie ein Bestseller wurde. Das Erfolgsrezept ist einfach: Er schreibt verständlich.« *Stern, Hamburg*

## *Also sprach Bellavista*

*Neapel, Liebe und Freiheit*

Deutsch von Linde Birk

»Zum Greifen dicht geschriebene Alltagsgeschichten, denen Bellavista immer eine philosophische Quintessenz zu entlocken weiß.« *Die Zeit, Hamburg*

»De Crescenzo ist Dichter, Sänger, Regisseur, Schauspieler, Talkmaster, Zeichner. ›Für mich ist das alles dasselbe. Ich bin Erzähler.‹« *Die Weltwoche, Zürich*

## *oi dialogoi*

*Von der Kunst, miteinander zu reden*

Deutsch von Jürgen Bauer

Kurze, humoristisch angehauchte Erzählungen über die Schönen Künste, Feuerwerke und Silvester, über Auto- und Heiligenkult, Eigentumswohnungen und Gespenster, Atomschutzanlagen, Maradona, die Madonna und grüne Männchen…

»Klar, schnörkellos, mit Witz geschrieben – wie eine geistige Blutauffrischung.« *Neue Zürcher Zeitung*

## *Zio Cardellino*

*Der Onkel mit dem Vogel*

Roman. Deutsch von Ina von Puttkamer

Luca Perrella, Neapolitaner, lebt in Mailand und arbeitet als leitender Angestellter in einem multinationalen Konzern. Eines schönen Tages bringt er in einer Besprechung mit seinem Vorgesetzten Töne hervor, die stark an Vogelgezwitscher erinnern. Was ist mit ihm geschehen? Ist er durchgedreht? Hat er beschlossen, seinen Chef zum Narren zu halten, oder ist er tatsächlich dabei, sich in einen Vogel zu verwandeln? Wie wird seine Firma auf diese Metamorphose reagieren?

»De Crescenzo versteht, diese schlichte Parabel inspiriert, witzig und gescheit zu erzählen. Und das ist keine geringe Tugend. Wer kann das noch: einfach erzählen? Eigentlich ist das Buch ein Märchen.«
*Basler Zeitung*

»*Zio Cardellino* ist ein delikates, liebenswürdiges Buch, ein Märchen voller subtiler, scharfer Gedanken, die Form ist leicht und flink wie der Flügelschlag eines zarten Vogels beim ersten Flug.«
*Il Corriere di Roma*

»Ein feines Buch mit einem Hauch surrealer Poesie.«
*Il Tempo, Mailand*

## *Sokrates*

*Sein Leben und Denken*

Deutsch von Linde Birk

Dieses Kleine Diogenes Taschenbuch umfaßt ein Kapitel aus dem zweiten Band der ›Geschichte der griechischen Philosophie, Von Sokrates bis Plotin‹.

»Eine solche Verbindung von Gescheitheit, nein: philosophischer Gabe mit Lustigkeit und Anmut ist einmalig. Wahrhaftig: mal ein Stück fröhlicher Wissenschaft.« *Günther Anders*

# *Anne Fine im Diogenes Verlag*

## *Die Steinmenagerie*

Roman. Aus dem Englischen von Karin Polz

Ally ist zehn und hat dauernd Streit mit seiner gereizten Mutter, ist seinem Vater, der alles für ein »ruhiges Dasein« geben würde, ein Dorn im Auge und muß auch noch jeden Sonntag die unglückliche Tante Chloe mit seinen Eltern im Irrenhaus besuchen. Jeden Sonntag dasselbe – Ally ärgert sich über diese sinnlose Zeitverschwendung. Bis er eines Tages durch ein Fenster des Irrenhauses eine kleine Gestalt erblickt, die in einem geheimnisvoll überwucherten Landstück am andern Ende des Anstaltsgeländes wandelt...

»Ein trauriges Thema, aber alles andere als ein trauriges Buch. Ein originelles, ergreifendes und unterhaltendes kleines Werk, das Sie sich gönnen sollten – egal, wie alt Sie sind.«
*Times Education Supplement, London*

## *Das Oma-Projekt*

Roman. Deutsch von von Barbara Heller

Großmutter soll nicht ins Altersheim – darin sind sich die drei Enkel einig. Mit List und Tücke setzen sie diesen Plan gegen ihre Eltern durch. Doch dann beginnt der Alltag...
Ein spannender Roman, in dem das Thema Zusammenleben von jung und alt unsentimental beschrieben wird.

»In *Das Oma-Projekt* greift Anne Fine ein schwieriges Familienproblem auf. Wohin mit Oma, die alt geworden ist? Ein Buch zum Schmunzeln, das aber auch genug Stoff zum Nachdenken bietet über ein Thema, das uns alle angeht.« *Für Sie, Hamburg*

»Ein köstliches Buch voll böser Situationskomik, ausgelöst durch eine skurrile Großmutter, die ihre Familie drangsaliert.« *Die Zeit, Hamburg*

### *Der Neue*

Roman. Deutsch von Ursula Kösters-Roth

Es ist Abneigung auf den ersten Blick. Kitty sieht ihn, haßt ihn und nennt ihn fortan nur noch ›Glubschauge‹. Was immer er auch tut, um mit ihr in Kontakt zu kommen, Kitty bleibt ihrer Abneigung treu. Sie läßt welke Efeublätter in sein Glas rieseln, versteckt seine Bücher und beschreibt ihn in ihrem Schulaufsatz unter dem Thema ›Was ich am meisten hasse‹. Kitty nervt, so gut sie kann. Aber ›Glubschauge‹ quittiert alles mit unendlicher Geduld und riesigen Schachteln mit Pfefferminztalern. Nur die andauernde Erwähnung von Simon, seinem Vorgänger, macht ihn allmählich nervös – denn schließlich ist er der neue Liebhaber von Kittys Mutter.

»*Der Neue* ist ein Hit: witzig, geistreich, feinfühlig und warmherzig... Ein wunderschönes Buch.«
*The Guardian, London*

### *Mrs. Doubtfire*

*Das stachelige Kindermädchen*

Roman. Deutsch von Ursula Kösters-Roth

Lydia, Christopher und die kleine Nathalie leiden unter den Ehekrächen ihrer Eltern. Auch die Scheidung hat das Familienleben nicht einfacher gemacht. Mutter und Vater nerven sich gegenseitig mit kleinen Biestigkeiten. Als die Mutter eine Annonce für eine Haushälterin aufgibt, die die Kinder nach der Schule beaufsichtigen soll, wird der Vater wütend: Wieso soll eine fremde Person auf seine Kinder aufpassen, obwohl er das gern selbst täte? Da hat er eine Idee: Wozu ist er schließlich Schauspieler... Die bittersüße, rührende, vor allem sehr komische Geschichte, über eine zerrissene Familie, die letztendlich ihren Weg findet, um mit der neuen Situation zurechtzukommen.

»Anne Fine versteht es glänzend, skurrile Situationen amüsant zu beschreiben.«
*Frankfurter Allgemeine Zeitung*

## *Familienkrieg*

Roman. Deutsch von Barbara Heller

Bis vor drei Monaten war Estelle ein ganz normales Mädchen. Aber jetzt verwandelt sie sich in eine schwarzgekleidete Furie: Kein Tag vergeht, an dem nicht zwischen Estelle und ihren Eltern die Fetzen fliegen. Der ein Jahr ältere Bruder William beschließt, daß es so nicht weitergehen kann. Mit dem psychologisch geschulten Blick einer hervorragenden Schriftstellerin und dem liebevollen Augenzwinkern einer Frau, die selbst heranwachsende Kinder hat, zeichnet Anne Fine das Bild einer Familie, die einer Zerreißprobe ausgeliefert ist: den Stürmen des Erwachsenwerdens einer jungen Frau.

»Anne Fine ist Expertin für die literarische Zubereitung von Familien- und Beziehungsfragen.«
*Freitag, Berlin*

## *Das Baby-Projekt*

Roman. Deutsch von Barbara Heller

Mit einem drei Kilo schweren Mehlsack herumzurennen, der ein Baby darstellen soll, ist für eine Klasse von dreizehnjährigen Jungs kaum zu ertragen. Drei Wochen lang sollen sie auf ihre ›Mehlbabys‹ aufpassen und auch noch in einem Tagebuch über diese neue Erfahrung eines Lebens mit Kind berichten. Simon ist nicht begeistert, aber er kommt mit seiner Mutter in Gespräche über seine eigene Kindheit – und über den Vater, der spurlos verschwand, als Simon sechs Wochen alt war.

»Satire pur und liebevoll – da paßt jede Pointe, sitzt jedes Detail.« *Hamburger Morgenpost*

## *Die Lügenbande*

Roman. Deutsch von Ursula Kösters-Roth

Warum sind die Brieffreunde von Laura und Oliver entweder solche Langweiler, daß man über ihren Briefen einschläft, oder hochgradige Neurotiker? Die biedere Miranda bringt Laura jedenfalls an den Rand der Verzweiflung. So erfindet sie kurzerhand Lady Melody Estella Priscilla Hermione Irwin und beginnt als diese einen außergewöhnlichen Briefwechsel mit der ahnungslosen Miranda, der sie eine fantastische Lügengeschichte über sich und ihr außergewöhnliches Leben auftischt. Aber Laura muß schon bald erfahren, daß sie nicht die einzige ist, die andere erfolgreich täuscht ...

## *Typisch Tulipa*

Roman. Deutsch von Ursula Kösters-Roth

Daß Tulipa in der Schule eine Außenseiterin ist, stört Nathalie nicht. So hat sie die phantasievolle Freundin ganz für sich. Doch die Streiche, die Tulipa ausheckt, werden immer riskanter, bis sie schließlich die Grenze zur Bösartigkeit überschreiten.
Vor einigen Jahren wurde vor einem englischen Supermarkt ein Baby von zwei zehnjährigen Jungen entführt. Anne Fine nahm diesen Vorfall zum Anlaß, dieses packende Buch zum Thema Jugendkriminalität zu schreiben.

»Niemand wird böse geboren. Niemand.« *Anne Fine*

»Anne Fine zeigt in diesem Roman, dessen Düsternis von Wärme und Witz durchbrochen wird, wie mächtig Anziehung und Unbehagen in einer Beziehung sein können. Brillant und hypnotisierend.«
*The Guardian, London*

## *Familien-Spiel*

Roman. Deutsch von Barbara Heller

Fünf Jugendliche erzählen sich bei einem Schulausflug Geschichten, über die sie sonst nicht gern reden: Sie erzählen von der Scheidung ihrer Eltern und vom Gefühlschaos, in das sie die neuen Lebensumstände manchmal stürzen. Ein Kaleidoskop von Tatsachen und Gefühlen tut sich auf, denen Kinder und Eltern einer heutigen Patchwork-Familie ausgesetzt sind.

»Es gibt keine Bösen und Guten bei den Eltern der Jugendlichen, es gibt nur verschiedenste Aspekte der Verwirrung, wenn die modernen Stieffamilien versuchen, sich an die neue Situation anzupassen.«
*The Times, London*

»Früher war es der Tod, der Familien auseinanderbrachte – heute ist es die Scheidung.« *Anne Fine*